101 Dinge,
die ein Stand-up-Paddler wissen muss

101 Dinge

die ein

Stand-up-Paddler

wissen muss

Jan Meessen

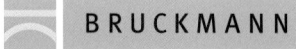

BRUCKMANN

Inhalt

Über das Wasser gleiten 7

1 Endlich Ruhe | Alles beginnt mit einer Erkenntnis 8

2 Kann ich Sie mal was fragen? | Was Nicht-SUPer schon immer wissen wollten 11

3 Was für ein SUP-Typ bin ich? | Enten gucken oder Vollgas 12

4 Enten gucken | Der relaxte und entspannte SUP-Typ 14

5 Zweihundert Meter reichen | Der »Raus aufs Wasser und Ruhe«-SUP-Typ 17

6 Vollgas | Der »Hauptsache Strecke machen«-SUP-Typ 18

7 Habe ich nicht gesehen | Der »Verpasst das meiste«-SUP-Typ 20

8 Hauptsache, gut aussehen | Der coole SUP-Typ 21

9 Noch unentschieden | Der »Kommt noch nicht klar«-SUP-Typ 23

10 Der grundsätzliche Unterschied | Inflatable Boards kontra Hardboards 24

11 Wie breit soll es sein? | Der Weg zum sicheren Stand auf dem Board 26

12 Länge spielt eine Rolle | Geradeaus oder um die Kurve 28

13 Die Wollmilchsau | Von allem ein bisschen, aber nichts perfekt 30

14 Der Ausflügler | Das Board für längere Strecken und Touren 31

15 Das Schnelle | Hauptsache, es geht voran – Race-Boards 33

16 Das Kurvige | Ohne Welle geht es nicht – Wave-Boards 34

17 Die Exoten für Individualisten | Special Boards für die Nische 36

18 Die Exoten für das Team | Die großen SUP-Boards 39

19 Ohne geht es nicht | Grundlegende Unterschiede von SUP-Paddeln 40

20 Ganz schön schwer | Warum ist das Paddelblatt krumm? 42

21 Nicht im Kreis | Wie wichtig die Finne unter dem Board ist 45

22 Luft rein | Ohne Pumpe geht es beim ISUP nicht 46

23 Luft raus | Wie bekomme ich das ISUP wieder platt? 48

24 Eine Schnur, die Leben rettet | Die Leash ist die Verbindung zum Board 50

25 Das kann mich retten | Zubehör für die eigene Sicherheit 53

26 Das hilft mir | Dinge, die das SUPen auf dem Wasser erleichtern 54

27 Das macht schön | Accessoires, die nicht nur hübsch machen 56

28 Rauf und runter | Der sichere Weg auf das Board 58

29 Haltung ist alles | Wie halte ich das Paddel fest? 61

30 Drei links, drei rechts | Keine Schlangenlinien zu fahren, wäre schön 62

31 Eigentlich logisch | Mithilfe der Technik doch noch geradeaus 64

32 Wo kommt das her? | Das Märchen vom »Kanadier« 66

33 Um die Kurve | Paddelschläge, die zum Ziel führen 67

34 Ab ins Manöver | Hilfreiche Paddelschläge 68

35 Effizienz ist gut | Mit wenig Kraft schnell vorwärtskommen 71

36 Üben, üben, üben | Langsam zum perfekten Zug 72

37 Erst planen, dann paddeln | Was zu bedenken ist, bevor es losgeht 73

38 Erst prüfen, dann paddeln | Was bei der ausgewählten Route zu bedenken ist 74

39 Hunger! Durst! | Was nehme ich Leckeres mit? 77

40 Kalt und warm | Bei jedem Wetter die passende Bekleidung 78

41 Oben bleiben | Schwimmen sollte man können 79

42 Der Gegner | Wind von vorne 80

43 Die Herausforderung | Wellen von der Seite 83

44 Ab ins Wasser | Einen guten SUP-Spot finden 84

45 Hier kommst du nicht rein | Befahrungsverbote für Stand-up-Paddler 86

46 Licht aus | SUP-Touren bei Vollmond 88

47 Sicherheit auf dem Wasser | Ohne Verluste hin und zurück 90

48 Notsignal | Ich brauche Hilfe! 93

49 Wieder rauf | Wie komme ich wieder auf das Board? 94

50 Dicke, weiße Wolken | Nicht nur nach vorne schauen 96

51 Kleine Wetterkunde | Die wichtigsten Infos rund um das Wetter 98

52 Die Bestimmung des Windes | Einteilung in Windstärken 100

53 Wir brauchen sie | Die Umwelt schonen 101

54 Nimm es mit | Ein kleiner Beitrag für die Umwelt 103

55 Stark beansprucht | Füße schonen und nicht einschlafen lassen 104

56 Ganz schön grün | Seegras, Algen und andere Hindernisse 105

57 Alles hat ein Ende | Raus aus dem Wasser 106

58 Unentdeckte Reviere | Verteilung der SUP-Spots 107

59 Da geht einem das Herz auf | Der Chiemsee 108

60 Wo ist hier der Ausgang? | Der Spreewald 110

61 Fische, überall Fische | Der Schweriner See 112

62 Eldorado mit Ausblick | Der Staffelsee 114

63 Wie lange stehen sie schon? | Stand-up-Paddling früher und heute 116

64 Wer ist der Schnellste? | Die SUP-Wettkämpfe, von kurz bis lang 118

65 Im Vergleich | Die erste SUP-Studie 121

66 Für den ganzen Körper | SUPen, das ganzheitliche Training 122

67 Lass es lieber sein | Wann es besser ist, zu verzichten 125

68 Der Baum auf dem Board | SUP-Yoga, entspannt und trainiert 126

69 Nicht allein | SUPen in der Gruppe 129

70 Ich will mitkommen! | SUPen mit Kindern 130

71 Das Tier auf dem Board | Paddeln mit Hund und Co 132

72 Lass uns spielen | Erweitertes SUPen 134

73 Da geht noch was | Übungen zum Verbessern des Gleichgewichts 136

74 Polo ohne Pferd | Teamsport auf und im Wasser 138

75 Die große Weite | SUPen auf dem Meer 140

76 Ab geht die Post | Der Downwinder 143

77 Die Transportfrage | Wie bekomme ich mein Board zum Wasser? 144

78 Beauty-Tipps | Die Haltbarkeit meines Equipments verlängern 146

79 Wohin damit? | Die richtige Lagerung 149

80 SUP-Vereine | Für einen Beitrag das volle Programm 150

81 SUP-Verbände | Dachorganisationen beim Stand-up-Paddling 152

82 Ausleihen und mehr | SUP-Verleih, der erste Schritt 154

83 Sachen gibt es | Der hat wohl im Physikunterricht geschlafen 155

84 Die Station meines Vertrauens | Was macht eine gute SUP-Station aus? 156

85 Die Qual der Wahl | Welches Board für wen und wofür 158

86 Das Lange für mich | Welches Paddel nehme ich denn jetzt? 161

87 Der Dealer meines Vertrauens | Board-Kauf im Laden oder online 162

88 Geht Secondhand? | Kaufen eines gebrauchten SUP-Boards 164

89 Der Test | Was sagen Testergebnisse aus? 167

90 Der Unterschied | Wie kommen die verschiedenen Preise zustande? 168

91 Ein Loch ist kein Untergang | Auf der Suche nach dem Leck 170

92 Totalschaden | Kann man das reparieren? 172

93 Kürzen oder nicht | Paddel reparieren und verändern 174

94 Wenn das Wasser fest wird | SUPen zu jeder Jahreszeit 177

95 Strampler oder eng anliegend | Unterschied zwischen Trockenanzug und Neopren 178

96 Kauderwelsch | Fremdwörter auf und neben dem Board 180

97 Ja, wo paddeln sie denn? | Ein Blick in die Zukunft 181

98 Ein Like | Die Community in meiner Nähe 182

99 In die Hand genommen | Buch- und Literaturempfehlungen 183

100 Wo noch? | Hinweise zu SUP-Links im Netz 185

101 Aus dem Nähkästchen | Geschichten aus dem Leben 186

Bildnachweis 190

Impressum 192

Über das Wasser gleiten

Stand-up-Paddling für Genießer

Dieses entspannte Dahingleiten, dieses Freiheitsgefühl, diese Perspektive ... Wie schnell sich ein gutes Gefühl mit so wenig Aufwand einstellt, unglaublich!

Natürlich sollten die Rahmenbedingungen passen. Nicht so viel Wind von der Seite oder von vorne, das kabbelige Wasser sollte sich ebenfalls in Grenzen halten und ich sollte auf einem Board stehen, welches zu meinen Körpermaßen und meinem fahrerischen Können passt. In diesem Buch schreibe ich über meine Erfahrungen der letzten zehn Jahre im Bereich Stand Up Paddling, räume mit einigen Missverständnissen auf und zeige, was die Faszination SUP ausmacht.

Der Weg ist das Ziel

Ich berichte darüber, was es braucht, um entspannt von A nach B zu SUPen, auch wenn B nur ein paar Hundert Meter vom Ufer entfernt liegt. Daneben werden in diesem Buch Tricks und Techniken verraten, die dazu beitragen, eine gute Zeit auf dem Wasser zu haben, auch wenn der Weg länger ist oder die Bedingungen sich ändern.

Es gibt Empfehlungen, welches Material (Board, Paddel und Zubehör) zu welchem Paddler-Typ passt, und es wird erklärt, warum nicht nur das Erreichen des Ziels, sondern der Weg dorthin glücklich macht.

Das Buch gibt einen Ausblick auf ideale SUP-Spots, zeigt, wo diese liegen können, und erklärt, was einen Traum-SUP-Spot ausmacht.

Themen wie Sicherheit auf dem Wasser, Wetterkunde und Verhalten gegenüber anderen Verkehrsteilnehmern werden genauso behandelt wie SUPen in der Gruppe, Board-Transport und Materialpflege.

Berichte über unterhaltsame Erlebnisse auf und neben dem Wasser, welche rückblickend oft zum Schmunzeln sind, gibt es ebenso zu lesen.

Das Ganze ohne Kauderwelsch und komplizierte Fachbegriffe, mit dem Ziel, die Sportart SUP dem Einsteiger näherzubringen und dem erfahrenen Paddler ein paar Tipps mit auf das Board zu geben.

Dir eine gute Zeit auf dem Wasser,

Jan Meessen

Endlich Ruhe

Alles beginnt mit einer Erkenntnis

1

Wie war das doch gleich? Wie rum muss ich das Paddel halten? Und was passiert, wenn ich ins Wasser falle? Am Anfang, wenn wir Kontakt mit einer neuen und unbekannten Sportart haben, stehen oft dieselben Fragen. Ist das was für mich? Kann ich das auch? Macht das Spaß? So ist es beim Stand-up-Paddling ebenfalls.

Der erste Kontakt mit dem Board

Es hängt natürlich auch damit zusammen, wo und wie der Erstkontakt stattgefunden hat. War das Wasser warm, gab es viele Wellen oder war es spiegelglatt? Wie schmal oder breit war das Board? Gab es fachkundige Unterstützung und ein paar hilfreiche Tipps? Und wie offen oder verbissen bin ich an die ganze Sache rangegangen? Letztendlich ist es mit neuen Erlebnissen immer so – je mehr positive Erfahrungen es gab, desto eher findet etwas Neues Einzug in unser Leben.

Da Stand-up-Paddling, oder auch SUPen, sich gut erlernen lässt und zudem wenig Materialaufwand erforderlich ist, sodass die Anschaffungskosten im Rahmen bleiben, ist der Zugang zu diesem Sport einfach.

Freiheit und Entspannung

Was sind die bleibenden Eindrücke, wenn man es geschafft hat, die ersten Meter über das Wasser zu gleiten? Meistens ist es eine Mischung aus Erstaunen und Glücksgefühl. Zum einen, dass es geklappt hat, und zum anderen, dass es doch keine Schwimmübung wurde und man nicht ins Wasser gefallen ist. Hinzu kommt die Erkenntnis, dass es gar nicht so schwer ist, wie es aussieht. Ein bisschen Stolz, dass der innere Schweinehund überwunden wurde, trägt ebenfalls zu einem positiven Bewusstsein bei.

Kommt es zu weiteren Paddelaktionen, stellt sich schnell ein Gefühl von Freiheit und Entspannung ein. Natürlich nur, wenn die Bedingungen auf dem Wasser stimmen und die erste Anspannung abgefallen ist. Mit verkrampften Zehen, die sich in das Board krallen, einem krummen Rücken und zittrigen Fingern lassen sich die Faszination SUP und die neue Freiheit noch nicht erkennen. Deshalb sollte man sich entspannt darauf einlassen: Aller Anfang beginnt mit einem ersten Schritt. Oder, in diesem Fall, mit einem ersten Paddelschlag.

Entspannt in den Sonnenaufgang SUPen

Vorne schnell und angespannt – hinten langsam und entspannt

Kann ich Sie mal was fragen?

2

Was Nicht-SUPer schon immer wissen wollten

»Hi, biste Jesus oder was?« – nur einer von vielen Sprüchen, die einem zu Ohren kommen, wenn man mit einem SUP-Board über das Wasser fährt. Für alle, die mit dem SUPen beginnen möchten:

Das werdet ihr zu hören bekommen

»Ist das anstrengend, die ganze Zeit zu stehen!?«
»Kannste nicht schwimmen? Du bist gar nicht nass!«
»Ach, das ist mit Luft gefüllt!? Was es alles gibt!«
»Nee, glaub ich nicht, mit Luft gefüllt?!«
»Schau mal, das sieht ja einfach aus!«
»Schau mal, das sieht ja anstrengend aus!«
»Der ist nur zu faul zum Sitzen!«
»Sieht aus, als wenn du übers Wasser spazierst!«
»Wie in Venedig, ein Gondoliere!«
»Wo ist deine Gondel?«
»Übers Wasser laufen, wo sind deine Jünger?«
»Kann das jeder?«
»Was kostet das?« »Gibt es hier eine Verleih-Station?«
»Wo kann ich das erlernen?«
»Was ist, wenn man reinfällt?«
»Kommt man wieder aufs Board, wenn man reingefallen ist?«

Je nach Spruch und Situation ergeben sich unterschiedliche Reaktionsmöglichkeiten. Entweder erwidert man mit einem passenden Spruch etwas, lächelt gelassen oder ignoriert einfach das Gesagte. Oft ergibt sich aus dem Geplänkel ein nettes Gespräch, in dem die Möglichkeit besteht, SUPen und das entsprechende Material einem Interessenten näherzubringen. Eine gute Möglichkeit, Stand-up-Paddling weiter zu verbreiten.

Ruhiges Wasser

Was für ein SUP-Typ bin ich?

Enten gucken oder Vollgas

3

Einer der Vorteile des SUPen ist, dass ich entscheiden kann, wo ich hinpaddeln möchte und wohin eben nicht. Ich kann bestimmen, wie schnell ich fahren möchte oder wie langsam. Ich kann ebenfalls entscheiden, ob ich mich verausgaben möchte oder doch lieber nicht ins Schwitzen komme.

Jeder auf seine Art

Natürlich gibt es immer die sogenannten äußeren Einflüsse, die mir einen bestimmten Rahmen vorgeben. So kann das Einhalten der geplanten Route bei 4 Beaufort (über 28 km/h Windgeschwindigkeit) schon sehr anstrengend werden. Auch kabbeliges Wasser kann einen entspannten Sonnenschein-SUP-Trip zunichtemachen. Und wenn dann noch der Mit-SUPer anfängt zu quengeln, dass es jetzt Zeit wird, einen Zahn zuzulegen,

Optimale Bedingungen auf dem See, für alle SUP-Typen

damit er schneller ans Ziel kommt, kann es mit der Harmonie ebenfalls ganz schnell vorbei sein. Letztendlich wird sich im Laufe der Zeit entscheiden, was für ein SUP-Typ man ist.

Die Bandbreite geht von »Ich fahre 100 Meter vom Ufer weg auf den See hinaus, lege mich auf das Brett und relaxe!« über »Ich SUPe nur, weil ich gern ins Wasser schaue und mich Fische faszinieren!« bis hin zum SUPer, der nur »schnell, schnell« kann. Egal, welchem Typ auf dem Wasser oder dem Lande man begegnet, alle verbindet die Wassersportart Stand-up-Paddling. Bei der Unterscheidung der verschiedenen SUP-Typen gibt es kein »besser« oder »schlechter«. Jeder soll sein Board und Paddel so nutzen, dass er eine gute Zeit auf dem Wasser hat.

In den folgenden Kapiteln werden einige SUP-Typen beschrieben, die es auf dem einen oder anderen Gewässer zu erleben gibt. Natürlich ist jeder SUPer individuell und es besteht nicht die Verpflichtung, sich in eine Gruppe einzusortieren. Die Beschreibungen lehnen sich an die Beobachtungen des Autors an, die er in den letzten Jahren in verschiedenen SUP-Revieren gesammelt hat. Es ist durchaus beabsichtigt, dass sie ein Schmunzeln und kurzes Nachdenken bei dem jeweiligen SUPer hervorrufen.

Enten gucken

Der relaxte und entspannte SUP-Typ

4

Die Hauptgruppe der Stand-up-Paddler wird sicherlich zu der Kategorie »entspanntes SUPen mit sportlichem Hintergrund« gehören. Meistens zu finden bei guten Wetterbedingungen auf verschiedenen großen bis kleinen Gewässern, teilweise auf einfachen Fließgewässern und das Ganze bei mittellangen Touren.

Vielseitig interessiert

Ein bisschen Wind von vorne und ein paar kleinere Wellen halten den entspannten SUPer nicht von einer Tour über sein Lieblingsgewässer ab. Neue SUP-Spots stehen genauso auf der To-do-Liste wie das Zusammenschließen zu einer Gruppe, um miteinander paddeln zu gehen.

Entspannt am Ufer entlang, mit Ausblick auf schöne Grundstücke und dicke Fische

Auch für Yoga oder Fitness auf dem SUP-Board kann man sich interessieren.

Das Board, welches gepaddelt wird, ist kein High-End-Gerät, eignet sich allerdings sehr gut für die geplanten Fahrten und wurde vor dem Kauf getestet. Der »Enten-Gucker« interessiert sich auch für seine Umwelt, was man daran erkennt, dass er die Unterwasserwelt wahrnimmt und weiß, wie groß die Fische auf seiner Paddelstrecke sind. Genauso bekommt er mit, was sich am Ufer befindet, etwa ob an der See-Villa in letzter Zeit der Rasen gemäht wurde oder nicht. Das Outfit, samt Paddel, ist funktionell und passt zum Gesamterscheinungsbild.

Oft ist ein Handy, inklusive wasserdichter Hülle, mit an Bord, um das eine oder andere Foto zu schießen. Selfies und kurze Postings sind ebenfalls während und nach der Tour möglich. Gerade bei Ausflügen in der Gruppe kommt es zu anfänglichen Fachsimpeleien, die aber bewusst an der Oberfläche bleiben. Es gibt schließlich noch wichtigere Themen, als sich ständig über die Vorzüge und Nachteile der verschiedenen Marken zu unterhalten.

Pelzträger können entspannt kurze Strecken auf dem SUP-Board mitfahren

Zweihundert Meter reichen

Der »Raus aufs Wasser und Ruhe«-SUP-Typ

Dieser Typ SUPer zeichnet sich durch eine äußerst kurze Streckenwahl aus. Oft reichen ihm die ersten 100 bis 200 Meter vom Ufer, um einen geeigneten Ankerplatz zu finden. Das kann eine Badeinsel sein, wobei auch gerne an Begrenzungen von Nichtschwimmerbereichen und Bojen festgemacht wird. Ziel ist es, nicht ins Schwitzen zu kommen und dass die mitgeführten Utensilien (z. B. Bücher, Tablets, Getränke usw.) keinen unnötigen Kontakt zum Wasser bekommen.

Gemütlichkeit ist Trumpf

Gepaddelt wird nicht zwangsläufig im Stehen, sondern gern auch sitzend oder auf den Knien. Dies liegt zum Teil daran, dass der gewählte Board-Typ nicht unbedingt zum Zurücklegen längerer Strecken geeignet ist, da er oft im Verhältnis zum Fahrergewicht unterdimensioniert ist. Gutes Wetter, kein Wind und kein Wellenschlag sind für diesen SUP-Typ unabdingbar. In der kühlen Jahreszeit und bei widrigen Bedingungen wird er auf dem Wasser nicht anzutreffen sein. Sein Outfit ist stets sommerlich, und dementsprechend besitzt er oft eine rötliche bis braune Hautfärbung.

Auf die Qualität von Board und Paddel legt er weniger Wert. Deshalb wird die entsprechende Ausrüstung gerne im Vorbeigehen, z. B. im Baumarkt oder beim Discounter gekauft, weil es dort auf den ersten Blick billige Boards gibt.

Der Relax-SUPer ist an Land ein geselliger Typ, der gerne ein Schwätzchen hält. Fachkenntnisse über Board und Paddel liegen nur ansatzweise vor. Ähnlich verhält es sich mit den Kenntnissen des Vortriebs auf dem Wasser. Da wird gerne mal das Paddel falsch herum gehalten, die Schlangenlinien sind ausgeprägt und das Ziel ist nicht immer eindeutig auszumachen.

Relaxt!

Vollgas

Der »Hauptsache Strecke machen«-SUP-Typ

6

Der Vollgas-SUPer oder auch Racer ist sicherlich nicht in der Überzahl auf unseren Gewässern. Er zeichnet sich durch hochwertiges Equipment aus und besitzt ein teures und stets aktuelles Marken-Board. Dieses Board wird bestimmt eines der leichteren Modelle auf dem Markt sein und mit einer speziellen, für das Brett ausgesuchten Finne bestückt sein.

Leistungssport auf dem Board

Solltet ihr den Fahrer nach Vor- und Nachteilen von verschiedenen Race-Boards fragen, wird er euch sicherlich sehr detailreich Auskunft geben können. Zu beachten ist, dass einige Schnell-SUPer von diversen Marken (Herstellern) gesponsert werden und dadurch das Urteilsvermögen etwas eingeschränkt sein kann.

Teilnehmer des GlaGla-Winter-SUP-Events in Frankreich auf dem Lac d'Annecy

Die restliche Ausstattung des Race-SUPers wird ebenfalls im hochpreisigen und hochwertigen Bereich liegen. Was sich zum Beispiel in der Wahl des Paddels widerspiegelt. Mit Sicherheit wird es sich um die leichteste Bauweise handeln und für den Preis eines solchen Paddels kauft sich der im vorherigen Kapitel beschriebene SUPer sein SUP-Board samt Paddel.

Bei fast jedem Wetter auf dem Board

Zu finden ist der Schnell-SUPer bei jedem Wetter und bei jeder Jahreszeit auf dem Wasser. Er sieht Stand-up-Paddling als Leistungssport, scheut deshalb nicht vor Wellen, Wind, Schneeschauern und Starkregen zurück. Seine Rundenzeit und die zurückgelegten Kilometer erfasst er mit diversen elektronischen Helfern. Die entsprechenden Ergebnisse werden im Anschluss an die sportliche Aktivität auf verschiedenen Social-Media-Kanälen, samt Selfie, gepostet. Sein Outfit ist passend zur Farbe des Boards gewählt.

Der Racer bekommt allerdings von seiner Umgebung nicht allzu viel mit. So kennt er vermutlich die Unterwasserwelt seines Heimatreviers weniger gut als der Genuss-SUPer.

Habe ich nicht gesehen

Der »Verpasst das meiste«-SUP-Typ

7

Der Träumer paddelt oft etwas entfernt vom Ufer dahin. Dabei kann es sein, dass er an einem sehr interessanten Ufer- oder Küstenabschnitt entlangpaddelt und leider nicht erkennt, wie schön die Unterwasserwelt ist, selbst wenn die Sichtweite unter ihm 15 Meter beträgt. So weiß der Träumer natürlich nicht, dass er gerade den eineinhalb Meter langen Wels oder die tauchende Schildkröte verpasst hat.

Träumer auf dem Wasser

Sein Paddelstil ist ausgeglichen und er bewegt sich nicht schnell über das Wasser. In seiner Verträumtheit bekommt er allerdings auch nicht mit, dass er sich gerade auf dem Weg in eine Schifffahrtsrinne befindet. So passiert es öfter mal, dass er von Booten angehupt wird, die sich ihm nähern, weil er nicht sieht, dass sich viele Tonnen Stahl auf ihn zubewegen.

Die Board-Wahl des »Verpassers« ist gut, einfach und passt zu den SUP-Spots, die er bepaddelt. Das SUPen dient ihm oft zur Entspannung und er kann dabei den Gedanken freien Lauf lassen. So ist mitunter seine Paddeltechnik nicht die beste und über eine längere Strecke wird das Paddel nur halbherzig bis zur Hälfte des Blatts eingetaucht. Dieser SUPer ist generell mit sich im Reinen, ein geselliger Typ, der allerdings im Bereich SUP-Konversation eher zurückhaltend ist.

Raus auf den See und den Gedanken freien Lauf lassen

Hauptsache, gut aussehen

8

Der coole SUP-Typ

Das T-Shirt passt farblich ideal zu dem Board unter seinen Füßen und die Sonnenbrille ist ebenfalls up to date. Der schicke SUPer ist vor allem dort zu finden, wo er gesehen werden kann. Es gilt das klassische Motto: sehen und gesehen werden. Deshalb sind z. B. die Ufer der Hamburger Außenalster oder des Starnberger Sees ein beliebter SUP-Spot für diesen SUP-Typ.

Bloß nicht schwitzen

Er paddelt ein modernes Board, gerne ein Hardboard, welches ein paar Euro gekostet haben darf. Das Paddel ist farblich passend zum Board ausgewählt worden und zählt sicherlich zu den leichteren auf dem Markt. Im Optimalfall ist die Paddeltechnik des lässigen SUPers gut bis sehr gut, ausgeglichen und kommt locker rüber. Schließlich darf nicht der Eindruck erweckt werden, dass man nicht richtig paddeln kann. Sonst hätten die wissenden SUP-Kenner unter den Zuschauern am Ufer etwas zu belächeln. Geschwitzt wird allerdings nicht. So ist die Geschwindigkeit oft im unteren Bereich und das Brett gleitet gelassen über das Wasser.

Unterhaltungen mit anderen SUPern finden natürlich statt, man gehört schließlich zur Gruppe der Trendsetter. Fachsimpeleien, längere SUP-Touren sowie Fahrten bei schlechtem Wetter und in einem für die Figur unvorteilhaften Trockenanzug gehören nicht zum Programm des coolen Alster-SUPers.

Farblich abgestimmt geht es entspannt auf das Wasser.

Prüfender Blick auf die Bedingungen mit dem ISUP auf dem Rücken

Noch unentschieden

Der »Kommt noch nicht klar«-SUP-Typ

Dieser SUP-Typ hat sich ein Board besorgt, um das Stand-up-Paddling mal auszuprobieren. Vielleicht günstig erstanden, ausgeliehen oder second-hand gekauft, so kommt er zu den ersten Versuchen auf einem SUP-Board. Oft mit dem Kommentar, er bräuchte keinen SUP-Kurs, das ist ja einfach, das kann er schon ...

Ist ja einfach, kann ich schon

Genau das ist dann auf dem Wasser gut zu erkennen. Das Board passt nämlich nicht zum Fahrer. Die Dame wiegt nur 53 Kilogramm, ist aber mit einem 14 Fuß langen Board mit über 380 Liter Volumen unterwegs und wundert sich, wieso sie keine Kurven fahren kann. Oder der 120-Kilo-Mann versucht auf einem zehn Fuß langen Board mit einer Dicke von zehn Zentimetern in die Senkrechte zu kommen und wundert sich ebenfalls, warum dies nicht klappt. Da ist der Wille zum SUP vorhanden, aber noch nicht entschieden, wo die Reise hingehen soll.

Outfittechnisch wird das getragen, was der Kleiderschrank hergibt. Genauso wurde das genutzte Paddel ausgewählt, welches einfach bei dem Board dabei war und über fünf Kilogramm wiegt. Das macht das SUPen nicht einfacher! Mit anderen Worten, dieser SUP-Typ braucht noch ein bisschen, um sich zu entwickeln, wenn er dem Sport treu bleiben möchte.

Eventuell führt der Weg über ein paar weitere Experimente und das Ausprobieren von verschiedenen Standpositionen auf dem Board. Ebenso werden noch Paddelschläge geübt, die schon mal beim »Kollegen« auf dem Wasser gesehen wurden.

Konversation mit Gleichgesinnten findet erst mal nicht statt, da es noch an der nötigen Erfahrung und der Erkenntnis fehlt, dass das SUPen doch nicht »so« einfach ist.

Paarweise passend

Der grundsätzliche Unterschied

Inflatable Boards kontra Hardboards

10

Der erste Unterschied zwischen einem Inflatable SUP Board (ISUP) und einem Hardboard ist, dass Erstgenanntes nicht sofort fahrfertig ist, sondern erst mit Druckluft gefüllt werden muss. Konstruktionsbedingt braucht das ISUP einen Kern aus vielen Tausend Polyesterfäden (Drop-Stitch), damit überhaupt eine brettähnliche Form entstehen kann. Ohne diese Fäden, die jeweils mit der Ober- und Unterseite verbunden sind, würde das Board einer dicken Wurst gleichen und wäre unfahrbar.

Eine Frage der Stabilität

Jedes ISUP besteht aus diversen PVC-Lagen (Layern) und verschiedenen Bändern (Railbelts), die das Board an den Seiten umschließen. Je nach Materialmenge und Beschaffenheit der verarbeiteten Stoffe kann ein Board robuster und steifer werden. Umgekehrt bedeutet dies: Ein stabiles und gleichzeitig leichtes Board liegt preislich höher, da hochwertigere Materialien verbaut wurden und die Herstellung aufwendiger ist.

Damit ein ISUP eine bestimmte Steifigkeit erreicht, muss das Board mit einem vorgeschriebenen Druck befüllt werden. Je nach Marke können dies zwischen 15 und 20 PSI sein. Die Dicke und die Länge eines Inflatable Boards spielen ebenfalls eine große Rolle. Je dünner und länger ein Board ist, desto weniger belastbar ist das Brett. Dies kann so weit führen, dass das Brett unfahrbar wird, weil die Spitze und das Ende des Boards bananengleich aus dem Wasser ragen.

Die Vorteile eines ISUPs liegen darin, dass der Transport und die Lagerung im luftleeren Zustand wesentlich einfacher sind als bei einem Hardboard. Hinzu kommt, dass die ISUPs oft preislich günstiger sind als vergleichbare Hardboards.

Erst mit dem Auftauchen der ISUPs vor einigen Jahren begann die große Verbreitung des Sports Stand-up-Paddling.

Was spricht überhaupt für ein Hardboard?

Einiges! Zum einen entfällt, im Gegensatz zu einem ISUP, das ständige Aufpumpen und Luftablassen. Zum anderen sind die Fahreigenschaften und die Performance eines Hardboards im Vergleich zu einem aufblasbaren Board immer besser. Dies wird im Bereich Race-Boards be-

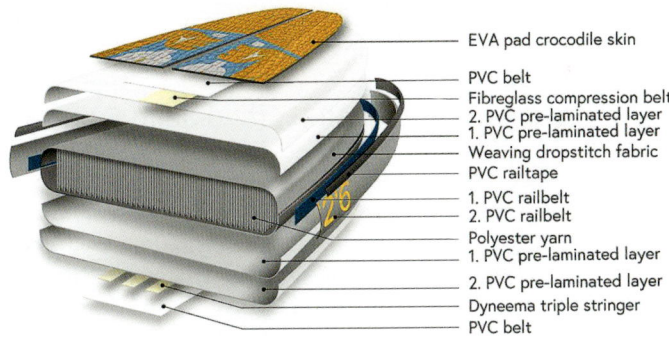

EVA pad crocodile skin
PVC belt
Fibreglass compression belt
2. PVC pre-laminated layer
1. PVC pre-laminated layer
Weaving dropstitch fabric
PVC railtape
1. PVC railbelt
2. PVC railbelt
Polyester yarn
1. PVC pre-laminated layer
2. PVC pre-laminated layer
Dyneema triple stringer
PVC belt

Querschnitt und Aufbau eines Inflatable SUP Boards

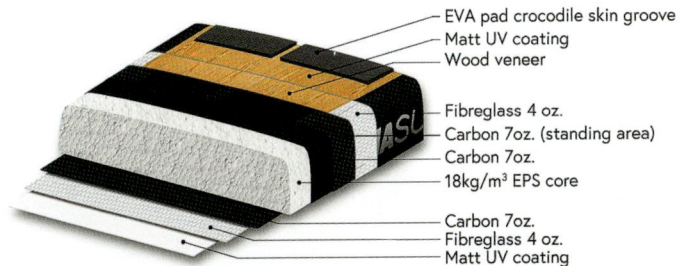

EVA pad crocodile skin groove
Matt UV coating
Wood veneer
Fibreglass 4 oz.
Carbon 7oz. (standing area)
Carbon 7oz.
18kg/m³ EPS core
Carbon 7oz.
Fibreglass 4 oz.
Matt UV coating

Querschnitt und Aufbau eines Hardboards

sonders deutlich, da dort die Boards lang und schmal sein müssen, um eine höhere Geschwindigkeit zu erreichen.

Ein Hardboard besteht meistens aus einem inneren Schaumkern (EPS core) und aus verschiedenen Lagen Laminat. Je nach Design und geplantem Einsatzgebiet können die Laminate aus verschiedenen Werkstoffen bestehen wie Fiberglas, Holzfurnier, Karbon usw. Leichte Hardboards beinhalten oft einen großen Anteil an sehr leichten Materialien, die aufwendig verarbeitet werden müssen, was wiederum den Preis in die Höhe treibt.

Einige Hersteller produzieren Hardboards in Hohlbauweise (Hollow), die ohne einen Schaumkern auskommen und dadurch sehr leicht sind.

Ein weiterer Vorteil von Hardboards ist deren Langlebigkeit bei richtiger Pflege und sachgemäßem Gebrauch. Im Gegensatz zu ISUPs vertragen Hardboards Schläge und Stöße weniger gut.

Beide Typen verbindet, dass auf der Oberseite der Boards ein Deckpad (EVA pad) verklebt ist. Dieses Pad hat die Aufgabe, für einen rutschfesten Stand auf dem Brett zu sorgen.

Wie breit soll es sein?

Der Weg zum sicheren Stand auf dem Board

11

Beim ersten Kontakt mit einem SUP-Board auf dem Wasser spielt die Breite eines Boards eine größere Rolle. Am Anfang strömen sehr viele neue Eindrücke auf einen ein, die Knie sind wackelig, alles hängt irgendwie zusammen, man fragt sich, wie kann ich lenken usw. Hinzu kommt, dass Wellenbildung und unruhiges Wasser viel dazu beitragen, ob das Board als kippelig wahrgenommen wird oder eben nicht.

Eine Frage des Schwerpunkts

Die Breite eines Boards wird bei den meisten Produzenten in Inch (") angegeben. Ein Inch, auch Zoll genannt, ist umgerechnet 2,54 cm. Ein Brett mit einer Breite von 34" (Inch) bzw. 86 cm gilt als sehr breit und

Breites Allrounder-Hardboard mit Rocker in der Nose

sehr kippstabil. Boards im Race-Bereich liegen zum Teil nur bei 21" (53 cm) Breite und sind dementsprechend kippelig und nur von geübten Paddlern zu beherrschen.

Die Breite eines SUP-Boards allein ist allerdings nicht ausschlaggebend für die Kippstabilität. Eine weitere Rolle spielt die Länge eines Boards. Beide Faktoren (Länge und Breite) ergeben die benetzte Fläche eines Boards. Je größer diese Fläche ist, desto stabiler liegt ein Board auf dem Wasser.

Mit anderen Worten, ein kurzes Board (z. B. 9 Fuß) mit einer Breite von 32" ist nicht zwangsläufig kippstabiler als ein längeres Brett (z. B. 11 Fuß) mit 30" Breite.

Deshalb ist es nicht ausreichend zu fragen, wie breit das Board ist, um herauszufinden, wie wackelig es ist. Ein weiterer Punkt, der darüber entscheidet, ob ein Board als stabil empfunden wird, ist die Höhe des Schwerpunktes. Große und schwere Paddler haben einen hohen Schwerpunkt und nehmen daher ein Board als kippelig wahr, auf dem sich leichte und kleine Personen sehr wohlfühlen.

Breites Allrounder-Inflatable-Board mit leichtem Rocker in der Nose

Länge spielt eine Rolle

Geradeaus oder um die Kurve

12

Warum fahren viele erfahrene SUPer lange Boards? Auch beim SUPen gilt der Ausspruch: Länge läuft. Dies bedeutet nichts anderes, als dass Schiffe und Boote die Rumpfgeschwindigkeit in der Verdrängerfahrt nicht überschreiten können. Die Rumpfgeschwindigkeit ist umso höher, je größer die Entfernung zwischen dem Bug und dem Heck des Schiffes (Bootes) ist. Diese Entfernung wird Länge der Wasserlinie genannt. Bei Rumpfgeschwindigkeit ist das Boot quasi zwischen seiner Bug- und Heckwelle »gefangen«. Mit anderen Worten, je länger ein Board ist, desto größer ist die Rumpfgeschwindigkeit.

Mit dem 14' Inflatable-Board geht es zügig auf den See hinaus (im Vordergrund).

Je länger, desto schneller

Um die Rumpfgeschwindigkeit zu überschreiten und in das Gleiten zu kommen, ist eine spezielle Rumpfform (Board-Form) notwendig. Diese ist z. B. bei Wellenreitbrettern und Surfboards zu finden. Deshalb gibt es bei SUP-Rennen in der Regel nur lange Boards, um von vornherein eine größere Geschwindigkeit zu erreichen. Die meisten Hersteller geben die Board-Längen in Fuß ('/ ft) an; 1 Fuß = 30,48 cm. Somit ist ein 10'6er-SUP-Board ca. 320 cm lang und ein 14er-Board ist ca. 426 cm lang. Der Vorteil eines längeren Boards ist nicht nur die Geschwindigkeit, sondern auch der Geradeauslauf. Je länger ein Brett ist, desto besser fährt es geradeaus. Umgekehrt bedeutet dies allerdings: Je kürzer ein Board ist, z. B. ein 9'6er (ca. 290 cm), umso besser lässt es sich um die Kurven fahren.

Hinzu kommt, dass lange Boards schmaler gebaut werden können und dadurch einen geringeren Wasserwiderstand erreichen, was sich wiederum in einer höheren Geschwindigkeit widerspiegelt.

Die Wollmilchsau

Von allem ein bisschen, aber nichts perfekt

13

Womit geht es los? Die meisten, die zum ersten Mal mit dem SUPen in Kontakt kommen, werden mit einem sogenannten Allrounder-Board in Berührung kommen. Die Hersteller versuchen in dieser Bauart die meisten Anforderungen an ein SUP-Board unter einen Hut zu bringen. Somit wird das Board nicht zu kurz oder zu lang sein, sondern sich irgendwo zwischen 10' und 12' Länge bewegen. Die Breite wird ebenfalls ein Kompromiss sein und zwischen 30" und 34" liegen. Manche Hersteller verpassen dem Allrounder einen leichten Rocker (eine nach oben aufgebogene Board-Nase) im Frontbereich, damit die Boards über die Wellen fahren und nicht in diese eintauchen.

Geduld zahlt sich aus

Verkauft werden diese Boards mit dem Anspruch, dass sie für (kürzere) Touren infrage kommen, kippstabil sind und sich zum Surfen auf kleineren Wellen eignen. Letztlich ist diese Gattung Boards in allen Bereichen ein Kompromiss. Für diese Kategorie spricht, dass der Anfänger und Einsteiger noch nicht abschätzen kann, welcher SUP-Typ er ist und ob Stand-up-Paddling überhaupt ein dauerhaftes Hobby für ihn sein wird.

Viele SUP-Stationen nutzen Allrounder für den ersten Einstieg, um möglichst schnell einen positiven Erfolg bei den jeweiligen Kursen zu erzielen. Oft verleitet einen das gute Gefühl in den ersten Stunden dazu, eben einen solchen Allrounder zu kaufen. Die Erfahrung zeigt allerdings, dass ein bisschen Geduld und das Ausprobieren verschiedener Board-Typen einen sicherer zu »seinem« Board führen.

Eine runde und relativ kurze Form zeichnet ein Allround-SUP-Board aus. Teilweise ist die Board-Spitze leicht nach oben gebogen (Rocker).

Der Ausflügler

Das Board für längere Strecken und Touren

Der Tourer! Dieser Board-Typ kommt dann zum Einsatz, wenn längere Touren auf dem Programm stehen. Wobei »länger« ein dehnbarer Begriff ist. Für geübte Paddler sind Tagestouren um die 25 Kilometer kein Problem. Für SUPer, die es gemütlicher angehen lassen, mehr auf das Drumherum achten wollen oder viel Gepäck dabeihaben, reichen oft schon Strecken um die zehn Kilometer.

Platz fürs Gepäck

In beiden Fällen bietet sich zum SUPen ein sogenanntes Touring-SUP-Board an. Diese Boards zeichnen sich durch einen guten Geradeauslauf aus, der mit einer Länge ab ca. 12' (Fuß) startet und meistens die 14'-Marke nicht überschreitet. Im Gegensatz zu den Allroundern haben die Touring-(Hard-)Boards oft ein »yachtähnliches« Unterwasserschiff. Der Vorteil dieses Designs ist, dass die Wellenbildung im Bugbereich verringert wird. Im Heckbereich befindet sich oft eine Abrisskante, die dazu dient, eine geringere Heckwelle zu erzeugen, was wiederum der Geschwindigkeit zugutekommt. Die meisten Touring-Boards haben die Möglichkeit, im vorderen und zum Teil im hinteren Bereich Ausrüstung unter einem Gepäcknetz zu verstauen. Dies kann von einer Trinkflasche und einem Vesperpaket bis zu einer Ausstattung für eine mehrtägige Tour reichen.

In der Regel zeichnet sich diese Board-Kategorie durch einen höheren Preis im Vergleich zu den Allroundern aus. Dies liegt zum einen daran, dass hochwertigere Materialien verbaut werden, und zum anderen gibt es zusätzliche Ausstattungsdetails wie extra Griffschlaufen, Paddelhalter, Kamerahalterungen usw.

Im Vergleich zum Allrounder ist das Board länger und hat eine längliche Form. Die Board-Spitze ist flach (kein Rocker) und schneidet besser durch das Wasser.

Hardboard mit viel Volumen im vorderen Bereich der Spitze

Das Schnelle

Hauptsache, es geht voran – Race-Boards

Wer nicht nur Enten gucken möchte, wer mit wenig Gepäck unterwegs sein möchte und für wen es hauptsächlich um Performance geht, der kommt an einem Race-SUP-Board nicht vorbei.

Teures Leichtgewicht

Bei diesen Boards ist das Gesamtgewicht ein entscheidender Faktor. Um dieses möglichst niedrig zu halten, müssen die leichtesten Materialien verbaut werden. Allerdings darf dies nicht zulasten der Steifigkeit des Boards gehen. Gerade im Wettkampfbereich werden die Boards hohen mechanischen Kräften ausgesetzt.

Die größte Anzahl der auf dem Markt erhältlichen Race-Boards hat eine maximale Länge von 14' (Fuß). Dies liegt daran, dass bei den meisten nationalen und internationalen Wettkämpfen eine maximale Board-Länge von 14' vorgeschrieben ist. Diese Boards bringen zum Teil ein Gesamtgewicht von nur etwas mehr als acht Kilogramm auf die Waage. Der Nachteil der Race-Boards ist in erster Linie der hohe Anschaffungspreis, der bei mehreren Tausend Euro liegen kann. Hinzu kommt, dass gerade bei Einsätzen im Wettkampfbereich das Material sehr stark strapaziert wird und dadurch ein Weiterverkauf nur mit hohen Preisnachlässen möglich ist.

Je nach Einsatzzweck gibt es zwei verschiedene Board-Typen. Zum einen reine Flatwater-Boards fürs Flachwasser, die eine flache, auf dem Wasser aufliegende Nase haben und beim Fahren das Wasser schneiden. Zum anderen gibt es die Openwater-Boards, die vorzugsweise auf dem offenen Meer oder bei starker Wellenbildung ge-SUPt werden. Diese Boards haben einen leichten Rocker (nach oben aufgebogene Board-Nase), um besser über die Wellen zu fahren.

Openwater-Race-Board mit einem langen und schmalen Shape. Die Nase und das Heck haben einen leichten Rocker für eine bessere Wellen-Performance.

Das Kurvige

Ohne Welle geht es nicht – Wave-Boards

16

SUP-Wave-Boards – was für ein Name! Dieser SUP-Board-Typ hat nur eine Aufgabe, und die besteht darin zu surfen, sprich Wellen abzureiten. Was müssen diese Boards leisten? Im Gegensatz zu allen anderen Board-Typen dienen die Wave-Boards tatsächlich nur dem einen Zweck. Den Allrounder kann ich ein bisschen für alles nutzen, mit dem Tourer lässt es sich ebenfalls gemütlich SUPen und mit dem Racer ist es möglich, nicht nur Vollgas zu fahren.

Nichts für ruhige Gewässer

Bei dem Wave-Board ist das anders! Gerade die kurzen Vertreter dieser Kategorie funktionieren nicht zum Geradeausfahren und sind schon gar nicht für längere Strecken geeignet. Das liegt zum Teil daran, dass z. B. ein 8'1er-Wave-Board ein Volumen von nur 95 Liter haben kann. Dies bedeutet, dass schwere SUPer bis zu den Knien im Wasser stehen und überwiegend mit dem Finden des Gleichgewichts beschäftigt sind.

Ein SUP-Wave-Board braucht die Wellen, um vorwärtszukommen. Die Länge der Wave-Boards fängt bei ca. 7'2 (ca. 220 cm) an und endet ungefähr bei 9'1 (ca. 280 cm). Im Verhältnis zur Länge sind die Wellenbretter relativ breit, damit genügend Auftrieb erzeugt werden kann. Die Drehfreudigkeit, welche für einen Wellenreiter absolut wichtig ist, wird durch Rocker an der Nose und am Tail erreicht. Hinzu kommt, dass diese Boards nicht zu schwer sein dürfen, da ansonsten das Lenken durch Gewichtsverlagerung nur eingeschränkt möglich ist. In diesem Segment müssen also wieder leichte Materialien zum Einsatz kommen. Allerdings dürfen diese nicht zu sparsam verwendet werden, da Wave-Boards den hohen Belastungen von brechenden Wellen standhalten müssen.

Kurzes, leichtes Wellen-SUP-Board mit stumpfer Nase (Stubby). Die leichte Bauweise sorgt für ein gutes Handling.

Wellenritt mit einem SUP-Wave-Board

Die Exoten für Individualisten

Special Boards für die Nische

17

Wem Wellen, Touren und das gechillte Dahingleiten nicht reichen, der findet im Handel noch eine Anzahl exotischer Boards. Dank der Entwicklung der letzten Jahre auf dem SUP-Markt mit steigenden Absatzzahlen, entwerfen die Hersteller inzwischen besondere Nischenprodukte, um den Kundenkreis zu erweitern.

Bei Bedarf mit Segel

Los geht es mit dem Windsurf-SUP-Board (ISUP). Dieses Board hat die Option, einen Surfmast auf dem Board zu befestigen. Gleichzeitig besitzt das Brett nicht nur einen Finnenkasten am Heck, sondern ebenfalls eine Aufnahme für eine Finne in der Mitte des Unterwasserschiffs. Diese verringert beim Surfen den Abtrieb. Zusätzlich hat das Board auf der Unterwasserseite, im letzten Drittel des Heckbereiches, noch eine Gummikante verklebt. Diese Kante dient ebenfalls dazu, nicht zu sehr an Höhe zu verlieren. Natürlich eignet sich das Windsurf-SUP für kürzere SUP-Touren, und kleine Wellen lassen sich damit ebenfalls »abrutschen«. Für ambitionierte Surfer ist dieses Kombi-Board allerdings nicht geeignet.

Wild und entspannt

Wer es etwas rauer mag und ein bisschen mehr Action braucht, kann sich mit einem Wildwasser-SUP-Board (ISUP) in und auf die Flüsse wagen. Diese Boards zeichnen sich durch einen Rocker an der Nose (aufgebogenen Nase) aus, sind kurz, wendig und wesentlich robuster als herkömmliche ISUPs. Wildwasser-SUPen ist nur etwas für Leute mit Erfahrung und der richtigen Ausrüstung. Ohne diese ist das Verletzungsrisiko sehr hoch, daher ist es für einen Wildwasser-Einsteiger verpflichtend, einen Aufbaukurs zu belegen.

Wer es wesentlich ruhiger mag, wird sich eher mit einem Yoga- oder Fit-SUP-Board (ISUP) anfreunden. Diese Boards sind ebenfalls recht kurz (ca. 10'6) und relativ breit (ca. 31"). Das Deckpad verläuft fast über die gesamte Oberseite des Bretts und die Griffschlaufen befinden sich rechts und links der Mitte. Beides dient dazu, dass das Liegen auf dem Board möglichst angenehm sein soll. Oft haben die Bretter noch verschiedene O-Ringe im Bug- und Heckbereich. So lässt sich das Board an einer Boje oder an einer Yoga-Insel problemlos befestigen.

Kinder- und Angel-Boards

Natürlich gibt es inzwischen Boards, die extra für Kinder entworfen wurden, die selbstständig paddeln wollen. Kids-Boards sind oft sehr kurz, dünn und schmal, z. B. 8'6 x 26" und nur zehn Zentimeter dick. Diese Bretter sind tatsächlich nur etwas für Kids. Da ihr Volumen um die 100 Liter liegt, sind sie für normalgewichtige Erwachsene nicht fahrbar. Vom Aufbau und der Verarbeitung stehen die kleinen Boards den großen in nichts nach.

Sicherlich eines der seltensten SUP-Boards auf dem Markt ist das Fischer-SUP-Board (ISUP). Wie der Name schon vermuten lässt, ist dieses Board für den Angler gedacht. Oft sind die Boards mit vielen Ösen und Verzurr-Möglichkeiten ausgestattet, um die entsprechende Ausrüstung sicher zu verstauen. Logischerweise besitzen die Boards eine ordentliche Breite und große Auflagefläche auf dem Wasser – damit der Angler nicht reinfällt, wenn die Rute ausgeworfen wird. Manche Board-Typen besitzen einen Ausleger, der seitlich am Board angebracht ist und das Brett so stark stabilisiert, dass ein »Hin- und Hergehen« auf dem Board möglich wird. Ohne Ausleger kann ein Fischer-SUP zum »normalen« SUPen genutzt werden.

SUP-Board zum Angeln mit Ausleger; SUP-Board für Yoga mit durchgezogenem Deckpad

Auf geht's zum SUPen auf dem »großen Dicken«.

Die Exoten für das Team

Die großen SUP-Boards

Wem es allein auf einem SUP-Board zu langweilig ist, der kann sich auf diesen Board-Typen Begleitung mitnehmen.

Koordination ist alles

Das Big-SUP oder Team-Board (ISUP) ist sicherlich der größte Vertreter der SUP-Boards. Mit einer Länge von bis zu 19' (5,80 m) und einer Breite von 66" (1,70 m) müssen diese Boards von mehreren Personen gepaddelt werden, um sie von der Stelle zu bewegen. Dabei stehen der Spaßfaktor und das Team auf dem Brett klar im Vordergrund. Sind die bis zu zwölf Paddler gut koordiniert, können die großen Dinger eine beachtliche Geschwindigkeit erreichen. Inzwischen gibt es auf dem Markt kleinere Vertreter der Team-Boards, die sich gut mit bis zu vier SUPern fahren lassen. Ein weiteres besonderes Team-Board ist so konstruiert, dass die bis zu vier Paddler hintereinanderstehen, ähnlich wie bei einem 4er-Ruderboot. Bei diesem Brett geht es ebenfalls um den Spaßfaktor im Team.

Auf den Hund gekommen

Ein etwas anderes Team-Board ist das Hunde-SUP-Board. Was es nicht alles gibt ... Diese Boards brauchen, gerade bei großen Hunden, eine gewisse Breite, damit sich Hund und Paddler wohlfühlen. Das Deckpad ist bei diesen Specials fast über die gesamte Oberseite gezogen, um dem Hund einen festen Halt auf dem Board zu geben. Ein Gepäcknetz befindet sich idealerweise nicht im Liege- und Sitzbereich des Hundes. Inzwischen gibt es auch Kurse für das SUPen mit Hund. In diesen wird vermittelt, wie der Hund entspannt auf dem Board liegen kann und was zu tun ist, wenn sich der Vierbeiner im Wasser befindet und wieder auf das Board soll.

Besonders großes SUP-Board mit mehreren Tragegriffen, zwei Ventilen und einem dreifachen US-Finnbox-System

Ohne geht es nicht

Grundlegende Unterschiede von SUP-Paddeln

19

Stand-up-Paddling würde nicht Stand-up-Paddling heißen, wenn nicht ein Paddel im Spiel wäre. Mit der Auswahl der Paddel verhält es sich ähnlich wie mit der Auswahl an verschiedenen Board-Typen. Jede größere Marke bietet in ihrem Sortiment verschiedene Paddel an. Hinzu kommt, dass es weitere Anbieter gibt, die sich ausschließlich auf die Entwicklung und Produktion von Paddeln aller Art spezialisiert haben.

Mehr- und Einteiler

SUP-Paddel gibt es als mehrteilige Paddel (zwei- oder dreiteilig), die sich in der Länge immer verstellen lassen und ein geringes Packmaß aufweisen. Die Verbindung der einzelnen Schaftteile erfolgt durch ver-

Besonders leichte Paddel aus verschiedenen Carbon-Geweben

schiedene Klemm- und Cliplösungen. Je robuster die Verbindungen konstruiert sind, desto schwerer wird das Paddel.

Zum anderen gibt es die »fixen« Längen, die individuell an die Größe und den Einsatzzweck des jeweiligen SUPers einmalig angepasst werden. Ebenfalls veränderbar sind die Paddelblattgrößen, Blattformen und der Winkel, mit dem das Blatt am Schaft verbunden ist. Die Materialien, aus denen ein Paddel gefertigt ist, variieren von Vollholz über Aluminium und glasfaserverstärktem Kunststoff (GFK) bis hin zu Vollcarbon. Durch den Mix verschiedener Materialien kann zusätzlich der Flex (die Biegsamkeit des Paddelschaftes) variiert werden. Demensprechend verändern sich Gewicht, Langlebigkeit und die Preise der jeweiligen Paddel.

Der preisliche Einstieg bei Paddeln kann unter 50 Euro liegen. Bei manchen Angeboten der Hersteller enthalten die sogenannten Komplettangebote ebenfalls ein Paddel. Je günstiger diese Angebote sind, desto wahrscheinlicher ist es, dass bei der Qualität der Paddel gespart wird. Nach oben gibt es, wie bei vielen Sachen, fast keine Grenzen. So kann beispielsweise ein handgefertigtes Holzpaddel gut und gerne über 600 Euro kosten.

Dreiteiliges Paddel (links); Paddel mit »fixer« Länge und unterschiedlichen Blattformen (rechts)

Ganz schön schwer

Warum ist das Paddelblatt krumm?

20

Damit das SUPen Spaß macht und das Paddeln nicht zum Kraftakt mit verkrampften Fingern wird, ist die Wahl des richtigen Paddels entscheidend. Leider geht das Thema Paddel-Wahl beim Kauf eines SUP-Boards oft unter. Gerne beschäftigt man sich ausgiebig mit der Qualität eines Boards, es werden alle Vor- und Nachteile ermittelt und wenn es sich machen lässt, werden diverse Board-Typen probegepaddelt. Die gleiche Genauigkeit würde sich auch bei der Anschaffung eines Paddels anbieten.

Zusammensetzung eines Paddels

Jeder, der die Unterschiede zwischen einem eineinhalb Kilogramm schweren Aluminium-Paddel mit massivem Plastikblatt und ausge-schäumtem Schaft und einem sehr leichten Vollcarbon-Paddel mit ergonomischem Griff erfahren konnte, wird bestätigen können, dass zwischen diesen Paddeln Welten liegen. Dies spiegelt sich natürlich im Preis wider. Ein ausgereiftes High-End-Produkt kann gut und gerne mehrere Hundert Euro Kosten.

Die Länge eines SUP-Paddels einschließlich des Blatts kann je nach Einsatzzweck variieren. Die durchschnittliche Länge des Paddels ist in etwa so lang wie der Abstand vom Boden bis zum Handgelenk des nach oben ausgestreckten Armes. Wobei dies nur ein ungefährer Richtwert ist. In manchen Bereichen des SUPens, z. B. beim Wellenreiten, ist das Paddel für ein besseres Handling kürzer. Wenn hohe Geschwindigkeiten über einen längeren Zeitraum erreicht werden sollen, ist das Paddel länger, um eine bessere Hebelwirkung zu entfalten.

Die Blattgrößen werden meistens in Quadratinch (in²) angegeben. Ein großes Paddelblatt mit 95 in² hat umgerechnet eine Fläche von 612 cm². Die Blattgröße entscheidet darüber, ob sich ein Paddel leicht durch das Wasser ziehen lässt oder schwer. Je größer das Blatt, desto größer der Vortrieb pro Zug und desto höher der benötigte Kraftaufwand. Je kleiner das Blatt, desto geringer der Vortrieb pro Zug und desto geringer der benötigte Kraftaufwand.

Die Form des Paddelblattes variiert ebenfalls von der klassischen Tropfenform bis hin zu einer länglich schmalen Form, ähnlich einem Spaten oder einer Schaufel. Dabei kann die Gesamtfläche des Blattes gleich bleiben. Welche Formen welche Vor- oder Nachteile haben, ist schwer zu sagen und zum großen Teil Geschmackssache und Marketing.

Der Knick am Ende

Ungewohnt und im ersten Moment verwunderlich ist das abgeknickte Paddelblatt. Der Winkel hat den Vorteil, dass er in der Eintauchphase des Paddels die Länge bzw. Reichweite des gesamten Paddelschlages erhöht. Deshalb muss das Blatt nach vorne, in Fahrtrichtung, zeigen. Die Winkel können von sieben bis 14 Grad variieren.

Den Schaft des Paddels gibt es von sogenannten One-Piece- (ein Stück) bis hin zu 3-teiligen Paddeln. Bei mehrteiligen Paddeln gibt es viele verschiedene Möglichkeiten an Klemmen und Verbindungen zwischen den einzelnen Schaftelementen. Diese variieren von Hersteller zu Hersteller und zusätzlich von Paddel zu Paddel. Alle Verstell- und Fixiermechanismen machen ein Paddel schwerer und bilden gleichzeitig eine Schwachstelle im Paddel.

Bei einteiligen Paddeln gibt es oft noch die Wahl, wie viel Flex der Schaft haben soll, also wie sehr sich das Paddel bei einem Zug unter Belastung durchbiegt. Je flexibler, desto sanfter baut sich der Druck auf das Paddelblatt auf. Dies kann schonender für die Schultern und Gelenke sein. Je weniger flexibel ein Paddel ist, desto direkter wird die Kraft übertragen. Dies ist z. B. bei SUP-Sprint-Rennen von Vorteil.

Zu guter Letzt braucht es noch einen Paddelgriff. Es gibt verschiedene Formen, z. B. den Knauf (runde Ausarbeitung) oder den T-Griff (schlichte, längliche Form). Welcher Griff einem liegt und passt, muss man einfach ausprobieren.

Carbon-Paddel mit abgewinkeltem Blatt

Damit es geradeaus geht – große Finne in einem US-Finnbox-System auf einem ISUP

Nicht im Kreis

Wie wichtig die Finne unter dem Board ist

Jedes SUP-Board braucht mindestens eine Finne! Sollte beim Starten einer SUP-Tour vergessen werden, die entsprechende Finne unter dem Board zu befestigen, fällt einem dies spätestens dann auf, wenn man verwundert feststellt, dass das Board nur quer fährt.

Stabil oder drehfreudig

Mit dem Begriff Finne bezeichnet man ursprünglich die Rückenflosse eines Wals oder eines Hais. Und eine gewisse Ähnlichkeit gibt es da tatsächlich ... Die Finne ist ein kleines, feststehendes Schwert im hinteren Bereich des Boards und sorgt für Stabilität und den Geradeauslauf. Je größer das Finnenblatt ist, desto stabiler liegt das Board im Wasser und desto besser ist der Geradeauslauf. Im Gegenzug wird das Board langsamer und weniger drehfreudig. Von der Single Fin, einer einzigen großen Mittelfinne, bis hin zu vier kleinen, meistens gleich großen Finnen reicht die Bandbreite der Ausführungen. Bei Race-Boards kommt in der Regel nur eine größere Mittelfinne zum Einsatz, bei den Surfvarianten sind es mehrere kleine Finnen für eine gute Wendigkeit. Es gibt verschiedene Befestigungssysteme, die von Hersteller zu Hersteller und von Board-Variante zu Board-Variante variieren.

Die Materialien, aus denen eine Finne gefertigt ist, reichen von recyceltem Plastik, handgeschliffenen Holzvarianten bis hin zu sehr hochwertigem und leichtem Carbon. Hinzu kommt, dass es für jeden SUP-Board-Typ und für unterschiedliche Bedingungen verschiedene Finnen gibt. Daraus ergibt sich eine große Auswahl an Finnen, was die Qual der Wahl erhöht. Beim Kauf eins SUP-Boards ist in der Regel eine passende Finne im Preis enthalten.

Honeycomb-Finne

Luft rein

Ohne Pumpe geht es beim ISUP nicht

22

Dieser Punkt betrifft ausschließlich die Besitzer und Paddler eines aufblasbaren SUP-Boards. Da der Großteil der verkauften SUP-Boards in Europa ISUPs sind, stellen sich fast immer die Fragen: Wie soll das Board aufgepumpt werden? Wie anstrengend ist das? Und wie lange brauche ich dafür?

Per Hand oder mit Strom

Generell gibt es zwei Varianten, wie die Luft in das Board kommt. In der ersten Option wird mittels einer im Lieferumfang enthaltenen Pumpe das Board von Hand, also manuell, aufgepumpt. Dies kann je nach Volumen des Boards, dem vom Hersteller vorgeschriebenen Druck und der jeweiligen Fitness des Pumpenden ganz schön anstrengend werden. Liebevoll wird dieser Zeitraum auch Warm-up genannt.

Die zweite Möglichkeit, ein Board aufzupumpen, besteht darin, eine elektrische Pumpe zu Hilfe zu nehmen. Die Auswahl der E-Pumpe hängt stark vom Preis ab. So liegen die Anfangspreise im Zubehörhandel bei ca. 50 Euro. Für hochwertige E-Pumpen mit Doppelkolben, einem Akku-Pack und der Möglichkeit, Druckstärken über 20 PSI zu erzeugen, können bis zu 300 Euro fällig werden.

In PSI wird gemessen

Wie viel Druck muss in das Board? Zu beachten ist immer die Angabe des Herstellers. Die unterste Grenze liegt bei den meisten Herstellern bei 15 PSI. Es macht keinen Sinn, die Angaben des Herstellers zu überschreiten, um mit noch mehr Druck, das Board steifer zu machen. Die Überschreitung der Vorgabe strapaziert das Material unnötig und kann ein Board im schlimmsten Fall zum Platzen bringen.

Zur Erklärung: 1 PSI sind 0,069 Bar, 15 PSI sind 1,03 Bar. Der Druck in einem Board wird über das Manometer an der jeweiligen Pumpe angezeigt. Jede Pumpe wird mittels eines flexiblen Schlauches über einen Bajonettverschluss mit dem Ventil am Board verbunden. Das Ventil kann sich im Bug- oder Heckbereich des Boards befinden. Manche Hersteller verwenden ein Mehrkammersystem, sodass es logischerweise mehrere Ventile gibt, mit deren Hilfe die einzelnen Kammern mit einem unterschiedlichen Luftdruck befüllt werden müssen.

Immer schön den Rücken gerade lassen beim Aufpumpen und dabei in die Knie gehen

Ohne viel Anstrengung

Für die manuellen Pumper gibt es verschiedene Pumpenvarianten. Bei hochwertigen Boards ist in der Regel eine entsprechend gute Pumpe im Lieferumfang enthalten. In den letzten Jahren hat sich die Doppelhubpumpe durchgesetzt, die mit einem 2-Wege-System arbeitet. Im ersten Schritt geht es um das Volumen und die Pumpe arbeitet in Zug- und Druckbetrieb. Im zweiten Schritt, wenn der Druck zunimmt, wird in den reinen Druckbetrieb umgeschaltet.

Inzwischen gibt es auf dem Markt Tripel-Hub-Pumpen, die mit zwei Kolben arbeiten und drei verschiedene Stufen besitzen. Mit diesen Pumpen lässt sich ein Board schnell von Hand aufpumpen. Nachteile sind das höhere Gewicht und die größeren Dimensionen einer solchen Pumpe. Kräfte- und rückenschonend lässt sich ein ISUP aufpumpen, indem man mit beiden Füßen der Pumpe einen festen Halt auf dem Boden gibt. Dann zieht man den Pumpenkolben ganz heraus, drückt mit gestreckten Armen, unter dem Gewicht des gesamten Körpers, den Kolben nach unten und geht dabei gleichzeitig in die Knie. Wichtig ist, dass die Arme gestreckt bleiben und der Rücken gerade ist.

Luft raus

Wie bekomme ich das ISUP wieder platt?

23

Nach der SUP-Tour soll das ISUP wieder eingepackt werden. Folglich muss die Luft raus, sonst wird es eng. Als Erstes muss das Rückschlagventil kräftig nach unten gedrückt und mit einer Drehung nach rechts oder links (je nach Hersteller) arretiert werden. Im Vorfeld empfiehlt es sich, Mitmenschen in der Umgebung auf den bevorstehenden lauten Luftaustritt aufmerksam zu machen. Wichtig ist, dass in die Öffnung des Ventils keine Feuchtigkeit und/oder Fremdkörper (Sand, Staub, Gras usw.) eintreten können, da ansonsten das Innenleben des ISUPs Schaden nehmen kann und es zu frühzeitigen Verschleißerscheinungen kommt.

Deflaten – erst das Rückschlagventil runterdrücken und arretieren

Knick- und faltenfrei

Mit einer E-Pumpe, die über einen Deflate-Anschluss verfügt, lässt sich ein ISUP einfach dekomprimieren und fast die gesamte Luft aus dem Board saugen. Wichtig hierfür ist, dass das Rückschlagventil während des Vorgangs komplett geöffnet ist und erst beim Abnehmen des Schlauches schnell geschlossen wird.

Steht keine E-Pumpe zur Verfügung, bleibt einem nur der Weg, über das Zusammenfalten des Boards die Luft aus dem ISUP zu drücken. Logischerweise muss an der gegenüberliegenden Seite des Ventils mit dem Aufrollen begonnen werden. Beim Aufrollen oder besser beim Zusammenfalten des ISUPs ist darauf zu achten, möglichst wenig Falten und Knicke in das Board zu bringen. Jeder unnötige Knick im Kunststoff des ISUPs schwächt auf Dauer die Haltbarkeit des Bretts.

Das Board wird nur dann in die zugehörige Tasche passen, wenn es möglichst glatt und luftleer zusammengelegt wurde.

Ohne Druck das ISUP möglichst faltenfrei zusammenlegen, um das Material zu schonen

Eine Schnur, die Leben rettet

Die Leash ist die Verbindung zum Board

24

Eines der wichtigsten Utensilien beim SUPen ist eine Leash – ein fixes Verbindungsseil zwischen dem SUP-Board und dem SUPer. Die Leash dient zum einen der persönlichen Sicherheit des SUPers, z. B. um nicht auf offenen Wasserflächen vom Board getrennt zu werden. Zum anderen verhindert die Leash, z. B. beim Wellenreiten, den Verlust des Boards in der Brandung. Die Coil-Leash (spiralförmig) kommt meistens bei Race- und Touring-Boards zum Einsatz, weil sie durch eine konstante Spannung besser auf dem Board aufliegt und nicht durch das Wasser gezogen wird. Bei Wildwasserfahrten mit dem SUP-Board muss es einen Sicherheitsverschluss geben, der es in einer Notsituation ermöglicht, sich schnell vom Board trennen zu können. Ansonsten muss im Wildwasser auf das Anlegen einer Leash verzichtet werden.

Coil-Leash mit Befestigung am Fußknöchel

Vom Knöchel bis zur Hüfte

Leashes bestehen aus Kunststoffseilen, die unterschiedliche Dehnungsgrade haben können, und haben zwei Befestigungsmöglichkeiten. Die eine Seite wird fix mit dem Board verbunden und die andere Seite hat eine schnell lösbare Verbindung mit dem SUPer. Neben den meistverbreiteten Klettverschlüssen, die entweder unterhalb des Knies oder oberhalb des Fußknöchels angebracht werden, gibt es noch die Variante der Hüftleash. Dabei wird die Leash in einen entsprechenden Hüftgürtel eingehakt und stellt so die Verbindung zum Board her.

Die Leash gehört zur Ausstattung

Welche Variante für einen infrage kommt, ist zum Teil eine Geschmacks- und Komfortfrage. Einem SUPer muss aber immer bewusst sein, dass eine Leash bei widrigen Wetterbedingungen und bei größeren Gewässern zur Pflichtausstattung gehört. Deshalb sollte schon beim Kauf eines SUP-Boards darauf geachtet werden, dass man auch eine passende Leash mit dazu erwirbt.

Coil-Leash mit Befestigung unterhalb des Knies

Schwimmhilfe Restube® –
Aufblasschritte von null bis
einsatzfähig

Festkörperschwimmhilfe
für eine dauerhafte Nut-
zung während des SUPens

Das kann mich retten

Zubehör für die eigene Sicherheit

Was hilft einem, wenn es zu einer bedrohlichen Situation kommt? Als Erstes gilt es natürlich zu vermeiden, sich überhaupt in eine kritische oder lebensgefährliche Lage zu bringen. Sollte es trotz aller Vorsichtsmaßnahmen doch kritisch werden, hilft einem das folgende Zubehör.

Die Leash (Verbindungsleine) verbindet einen fix mit dem Board. Auf dem Markt gibt es Coil- (spiralförmige) und Straight- (gerade) Leashes. Wobei beide Varianten ihren Zweck erfüllen, dass das Board sich nicht einfach verselbstständigt.

Aufblasbare Lebensretter

Schwimmwesten sind ebenfalls eine gute Sicherungsmaßnahme, die besonders dann zum Einsatz kommen, wenn der Paddler ein unsicherer Schwimmer ist, die Wetterbedingungen rau sind und/oder das Wasser kalt ist. Wichtig: Die meisten im Handel befindlichen Schwimmwesten sind sogenannte Schwimmhilfen und retten einen nicht vor dem Ertrinken. Dafür bedarf es einer richtig dimensionierten Rettungsweste, die einen Schutzkragen besitzt. Der Kragen verhindert bei einer Ohnmacht das Absinken des Kopfes und dementsprechend die Gefahr des Ertrinkens. Der große Nachteil einer Rettungsweste ist die eingeschränkte Bewegungsfreiheit. Im Fachhandel gibt es inzwischen Rettungs- und Schwimmwesten, die über eine Aufblasautomatik verfügen und sich mithilfe einer Gaspatrone (CO_2) im Notfall selbstständig aufblasen.

Eine weitere praktische Unterstützung sind die Schwimmhilfen von Restube®. Sie haben ein sehr kleines und praktisches Packmaß und werden ebenfalls bei Bedarf über eine CO_2-Patrone aufgeblasen.

Restube® am Hüftgurt

Das hilft mir

Dinge, die das SUPen auf dem Wasser erleichtern

26

Neben den überlebenswichtigen Dingen, die für das SUPen notwendig sind, gibt es eine Vielzahl von Hilfsmitteln, die einem das Paddeln erleichtern. Hilfreich ist die Mitnahme des Handys, nicht nur um die passenden Selfies zu knipsen, sondern auch um im Notfall telefonisch Hilfe anfordern zu können. Ein Handy mit einer installierten (Offline-)Karte und GPS-Funktion kann auch sehr hilfreich sein, wenn es darum geht, die aktuelle Position zu bestimmen.

Damit das gute Stück nicht nass wird oder beim Runterfallen für immer in den Tiefen des Gewässers versinkt, bietet sich das Benutzen einer Handy-Hülle an. Diese sollte zum einen das Gerät wasserdicht verpacken und zum

Vollgepacktes Waterproof Bag unter einem Gepäcknetz auf einem ISUP

anderen die Möglichkeit bieten, das Telefon am Board oder am SUPer zu befestigen. Achtung: Die meisten Handy-Hüllen schwimmen nicht, wenn das Handy in der Hülle steckt und ins Wasser fällt.

Schwimmende Brillen

Bei intensiver Sonneneinstrahlung ist das Tragen einer robusten Sonnenbrille unbedingt empfehlenswert. Auf dem Markt gibt es, extra für den Wassersportler, schwimmfähige Sonnenbrillen, die bei einem »Überboardgehen« nicht untergehen. Alternativ besteht die Möglichkeit, ein schwimmfähiges Brillenband an jeder x-beliebigen Sonnenbrille anzubringen.

Um seine Verpflegung, Getränke, Badesachen oder Sonstiges mit auf das Board zu nehmen, empfiehlt sich die Verwendung eines wasserdichten Beutels (Waterproof Bag). Dieser sollte groß genug sein, um ihn wasserdicht verschließen zu können. Während des SUPens wird das Bag unter die Gepäcknetze auf dem Board geschnallt und gesichert. Ein Trage- oder Schultergurt für die Tasche erleichtert den Weg zum und vom Wasser.

Wasserdichte und schwimmfähige Handyhülle inkl. Tragriemen

Das macht schön

Accessoires, die nicht nur hübsch machen

27

Was braucht der ambitionierte SUPer noch? Zum Beispiel eine wasserdichte Kamera, vielleicht mit passender Halterung? Auf dem Zubehör- und Actionkameramarkt gibt es verschiedene Halterungen, die entweder fix mit dem Board verbunden werden oder sich am Board via Saugnapf befestigen lassen. Außerdem gibt es eine große Bandbreite an Clips, Gurten, Sticks usw., womit sich eine Kamera flexibel nutzen lässt.

Wenn es heiß wird auf dem Board

Bei hohen Temperaturen, Sonneneinstrahlung und schütterem Haupthaar braucht es eine Kopfbedeckung. Damit diese bei windigen Bedingungen nicht abhandenkommt, sollte diese fest auf dem Kopf sitzen oder mithilfe einer dünnen Schnur gesichert sein.

Saugnapf mit Gewinde, einschließlich Gelenkarm und wasserdichter Actioncam

Für die Haut bietet sich das Auftragen von Sonnencreme an. Auch dann, wenn die Sonne nicht zu intensiv scheint. Empfehlenswert ist ein Sonnenschutz, der schnell in die Haut einzieht und nicht fettet. Mit glitschigen Fingern ist es sehr anstrengend, das Paddel durch das Wasser zu ziehen.

Für die Mitnahme von Getränken bietet sich das Verwenden von Flaschen aus Kunststoff oder Metall an. Glas hat auf einem SUP-Board nichts zu suchen. Das Gleiche gilt für das Verpacken der Verpflegung. Dort kann Mutters Tupper-Dose zum Einsatz kommen.

Ein Windbreaker macht Sinn

Abgesehen von SUP-gerechter Bekleidung (Badesachen, T-Shirt oder Longsleeve, Board-Shorts usw.) macht es bei längeren Touren Sinn, eine dünne Windjacke mitzunehmen. Diese kann bei aufkommendem Wind oder nach einem Badestopp über die Bekleidung gezogen werden. Das Material sollte kein Wasser aufnehmen und muss nicht aus dem hochpreisigen Segment kommen. Atmungsaktive Stoffe sind nicht erforderlich. Es geht ausschließlich darum, dass der Oberköper vor zu starker Auskühlung durch Wind und Regen geschützt wird.

Rauf und runter

Der sichere Weg auf das Board

28

Bevor es losgeht, gibt es ein paar Dinge, die beachtet werden sollten. Zu Beginn verschafft man sich einen Überblick über die Platzverhältnisse auf dem Wasser und die Beschaffenheit der Einstiegsmöglichkeit (Rampe, Bootssteg, flaches Wasser usw.).

Im nächsten Schritt liegt das Board auf dem Wasser und der SUPer steht im knietiefen (Finnenlänge beachten!) Wasser daneben. Sollte es z. B. von einer Steganlage losgehen, kniet der Paddler entspannt auf dem Board. Gerade für Einsteiger und unsichere Paddler ist es wichtig, nicht direkt am Ufer oder in der Nähe einer Steganlage aufzustehen, da bei einem Fall in das flache (oder verbaute) Wasser Verletzungsgefahr besteht. Bevor es in die Senkrechte geht, sollte geprüft werden, wie viel Platz dem SUPer rund um das Board zur Verfügung steht. Ein Blick auf mögliche anlaufende Wellen kann ebenfalls nicht schaden.

In die Standposition

Beim Aufstehen ist es wichtig, dass das Körpergewicht immer gleichmäßig auf dem Board verteilt ist. Es ist einfacher, wenn beim Aufstehen direkt die richtige Standposition auf dem Board eingenommen wird und beim Aufrichten das Paddel mit hochgenommen wird. Ein »normales Laufen« ist auf einem SUP-Board nicht möglich und endet in der Regel mit einem Badeaufenthalt.

Wenn vom Start weg sofort eine höhere körperliche Belastung geplant ist, sollte man sich zumindest kurz aufwärmen, um den Kreislauf in Schwung zu bringen. Auch Dehnübungen und ein leichtes Stretching bieten sich hier an.

Und wieder sicher runter vom Board

Wenn es raufgeht, muss es auch wieder runtergehen. Wer sicher vom SUP-Board wieder an Land kommen möchte, muss ebenfalls ein paar Dinge beachten, um die Verletzungsgefahr und ein mögliches Chaos an der Anlegestelle zu vermeiden. Als Erstes sollte, besonders wenn einem die Ufer- und Grundbeschaffenheit nicht bekannt sind, die Anlegestelle erkundet werden. Nicht selten befinden sich unter Wasser spitze Steine, Scherben oder Muscheln. Daher sollte man nicht in Ufernähe einfach vom Board abspringen, sondern frühzeitig eine sitzende oder knieende Position

Entspanntes Aufstehen auf einem SUP-Board – dabei das Paddel nicht vergessen!

auf dem Brett einnehmen. So ist es möglich, entspannt und ohne Hektik anzulegen.

Im flachen Wasser gibt es noch den Faktor Finne zu beachten. Kommt es während des Paddelns oder des Anlegens zu Bodenkontakt mit der Finne, wird das Board abrupt abgebremst. Spätestens in diesem Augenblick ist die niedrige Sitzposition von Vorteil.

Beim Herausheben des Boards von der Wasseroberfläche bietet es sich an, das Brett leicht auf einer Seite abzuwinkeln, um die Auflagefläche auf dem Wasser zu verringern. So lässt sich das Brett leichter mithilfe der mittleren Griffschlaufe/-mulde von der Wasseroberfläche heben.

»Einstellen« des durchschnittlichen Griffabstandes bei einem SUP-Paddel

Haltung ist alles

29

Wie halte ich das Paddel fest?

Nachdem eine aufrechte Position auf dem Board erreicht ist, geht es nun um den Vortrieb. Dafür brauchen wir das Paddel und eine entspannte Griffhaltung.

Das abgewinkelte Paddelblatt (die meisten höherwertigen Paddel besitzen ein solches Blatt) zeigt immer und bei jedem Schlag nach vorne, um eine bessere Effizienz pro Paddelzug zu ermöglichen. Die allgemeine Griffweite, also der Abstand zwischen der oberen Hand auf dem Griffstück und der unteren Hand am Schaft, lässt sich einfach ermitteln. Man hält das Paddel so über dem Kopf, dass die Oberarme einen 90°-Winkel im Vergleich zu den Unterarmen bilden. Dieser Abstand sollte während des SUPens nur wenig verändert werden.

Das Paddelblatt muss, um einen effektiven Schlag durchzuführen und keine Energie zu vergeuden, bei jedem Zug komplett in das Wasser eingetaucht werden.

Die Körperhaltung

Welche Haltung auf dem Board eingenommen werden soll, ist abhängig von der Geschwindigkeit, die man fahren möchte. Beim gemütlichen und relaxten Dahincruisen ist eine entspannte Haltung kein Problem. Der Vortrieb kommt dabei ausschließlich durch die Armbewegungen zustande. Trotzdem ist eine gerade Körperhaltung auch beim relaxten SUPen kräfteschonender und gesünder.

Beim schnellen und sportlichen SUPen gilt, dass die Zugkraft beim Paddelzug aus dem Oberkörper resultiert und die Arme die Bewegung unterstützen. Die Wirbelsäule ist dabei immer gerade und in keinem Fall gebogen. Wichtig ist, dass im gesamten Körper die Spannung gehalten wird. Je schneller ich fahren möchte, desto mehr gilt dieser Grundsatz.

Griffabstand bei einem kräftigen Vorwärtsschlag

Drei links, drei rechts

Keine Schlangenlinien zu fahren, wäre schön

30

Zu Beginn des Stand-up-Paddlings, nach den ersten Minuten auf einem Board, steht immer die Herausforderung, von A nach B und wieder zurück zu kommen. Dies wird oft dadurch erschwert, dass die zurückgelegte Strecke keine gerade Linie ist, sondern vielmehr einer Serpentinenstraße in den Alpen gleicht.

Das kommt daher, dass die Zugwirkung der einzelnen Paddelschläge auf der jeweiligen Board-Seite unterschiedlich stark ist. Am Anfang ihrer SUP-Karriere werden die meisten Paddler zwei bis drei Schläge auf der einen Seite machen, das Paddel wechseln und auf der anderen Seite ebenfalls zwei bis drei Züge durchführen. Mehr oder weniger ergibt dies eine (fast) gerade Linie und das Ziel wird erreicht.

Geradeaus SUPen

Grundsätzlich gilt: Je steiler der Paddelschlag ausgeführt wird (senkrechte Paddelhaltung) und je näher das Paddel am Board entlanggeführt wird, desto geringer ist die Tendenz zur ungewollten Kurvenfahrt. Der Board-Typ sowie die Anzahl und die Größe der Finnen sind für den Geradeauslauf mit entscheidend.

Boards mit einer langen Wasserlinie und einer großen Finnenfläche haben einen besseren Geradeauslauf. Wellen und Windrichtung beeinflussen ebenfalls den Geradeauslauf.

Ein Ankippen des Boards mithilfe von Gewichtsverlagerung, um die Fahrtrichtung zu beeinflussen, funktioniert bei den wenigsten SUP-Boards. Für diese Unterstützung muss das Brett an den Unterwasser-Rails eine ausgeprägte Kante besitzen und eine gewisse Grundgeschwindigkeit haben, damit eine Wirkung durch Gewichtsverlagerung erzielt wird.

Senkrechte Paddelführung

Geradeaus SUPen mit senkrechter Paddelführung und komplett eingetauchtem Paddelblatt

Eigentlich logisch

Mithilfe der Technik doch noch geradeaus

31

Etwas für Fortgeschrittene und SUPer mit Geduld ist der umgekehrte J-Schlag. Beim Einstechen des Paddelblatts weist dieses einen offenen Winkel von 20 bis 30 Grad in Richtung des Boards auf. Der Einstechpunkt liegt ca. 20 bis 30 Zentimeter von der vorderen Board-Kante entfernt. Optimalerweise befindet sich der Paddelgriff auf Höhe des Paddelblatts (in der Längsachse) oder sogar »überdehnt« vom Körper weg.

Der untere Arm ist zu Beginn des Zuges und vor dem Einstechen des Paddelblatts gestreckt. Das Paddelblatt wird komplett eingetaucht und in einer leichten Drehbewegung in Richtung Board gezogen. Beim Erreichen der Board-Kante mit dem Paddelschaft wird das Paddelblatt geradegestellt und weist dann einen 90°-Winkel zum Board auf. Das Paddelblatt wird entlang des Boards durchgezogen, dabei bleibt der Paddelgriff auf Höhe der Board-Kante. Das Paddelblatt wird maximal so weit durch das Wasser gezogen, bis sich die untere Hand auf Höhe des Oberschenkels befindet. Nun muss man das Paddel ohne Verdrehen aus dem Wasser ziehen, dabei den Oberkörper komplett aufrichten und das Paddel gleichzeitig nach vorne führen. Je weiter vorne das Paddel eingestochen wird, desto geringer kann der Winkel des Paddelblatts ausfallen.

Je größer der Winkel des Paddelblatts am Anfang des Zuges ist, desto größer ist die Reaktion der Board-Spitze (des Bugs) beim SUPen. Je weiter das Paddel beim Einstechen vom Board entfernt ist, desto größer fällt die Gegenbewegung in Richtung Paddel aus und desto geringer ist dementsprechend die Geschwindigkeit.

Dafür braucht es Geduld

Diese Technik und dieser Paddelzug verlangen dem SUPer einiges an Konzentration und Geduld ab. Zu bedenken ist zudem, dass jeder Paddelzug angepasst werden muss. Dies bedeutet, dass es eine Zeit dauert, bis die Fertigkeit in Routine übergeht. Beherrscht man diese Technik allerdings und ist einem das Zusammenspiel von Einstechwinkel, Blattdrehung und gerader Zugstrecke verständlich, ergeben sich neue Paddelmöglichkeiten. So ist es mit dem »umgekehrten J-Schlag« möglich, egal mit welchem Board, ob schmaler Racer oder kurzer, breiter Allrounder, jede Strecke schnurgerade zu SUPen. Dabei kann das Paddel nur auf einer Board-Seite geführt werden und muss nicht zwangsläufig nach x Schlägen gewechselt werden. Wird dieser Paddelschlag überspitzt, ist es machbar, dass z. B. nur auf der linken Board-Seite gepaddelt wird, sodass das Board eine Linkskurve fährt, ohne dass sich die Geschwindigkeit wesentlich verringert. Wie bereits erwähnt, ist dieser Tipp nur etwas für Fortgeschrittene und Geduldige.

Weit vorne mit einem Winkel von 20 bis 30 Grad einstechen, gerade drehen, durchziehen

Wo kommt das her?

Das Märchen vom »Kanadier«

32

Eine Bemerkung am Rande: In vielen Foren und in dem einen oder anderen Nachschlagewerk gibt es den Hinweis, dass zum richtigen geradeaus SUPen der sogenannte Kanadier-Schlag gebraucht wird. Leider hat sich die Anwendung des Kanadier-Schlags, auch J-Schlag genannt, bis in manche SUP-Station verbreitet und wird dementsprechend von einigen SUP-Lehrern vermittelt. Die Anwendung und das Erlernen dieses Paddelschlages ist beim Stand-up-Paddling aber völlig unnötig und sinnlos.

Was hat es mit dem J-Schlag auf sich?

Der J-Schlag findet seine Anwendung bei Kanadier-Booten, die ebenfalls mit einem Paddel (und nur einem Blatt) fortbewegt werden. Dieser Grundschlag schließt mit einer kleinen Kurve des Paddels vom Boot weg ab. Der Schlag dient dazu, den Kanadier auf Kurs zu halten und eine möglichst gerade Linie zu fahren.

Der entscheidende Unterschied zu einem SUP-Board ist, dass ein Kanadier keine Finne besitzt. In der Tat funktioniert der J-Schlag ausschließlich bei Booten, die keine Finne und kein Schwert im hinteren Bereich des Unterwasserschiffs haben. Somit ist das Erlernen oder das Schulen des J-Schlages beim SUPen völlig unnötig. Die Finne hat genau die gegenteilige Aufgabe und sorgt dafür, dass das Heck eines jeden Boards spurstabil bleibt. Besser ist es, den »umgekehrten J-Schlag« zu erlernen, um ein SUP-Board auf Kurs zu halten.

Weit vorne einstechen, vor wunderbarer Bergkulisse

Um die Kurve

33

Paddelschläge, die zum Ziel führen

Wenn es nicht nur geradeaus gehen soll, braucht es eine Kurve. Grundsätzlich gilt, dass sich ein SUP-Board einfacher über die Nose (Spitze) drehen lässt, da in diesem Bereich der Wasserwiderstand geringer ist als am Heck des Boards (Finne). Je weiter das Körpergewicht nach hinten verlagert wird und je weiter die Nose aus dem Wasser kommt, desto leichter lässt sich das SUP-Board drehen.

Es gibt unter normalen Bedingungen (wenig Wind und Wellen) immer zwei Möglichkeiten, ein Board zu drehen. Die erste Option ist einseitige Beschleunigung. Das bedeutet, dass nur auf einer Seite des Boards gepaddelt wird und sich das Brett dadurch in die entgegengesetzte Richtung dreht.

Die zweite Option ist das Verlangsamen oder einseitige Abbremsen des Boards. Dazu wird das Paddel einseitig ins Wasser gehalten oder, um die Wirkung zu verstärken, gegen die Fahrtrichtung bewegt. Das Board dreht sich in diesem Fall zu der Seite, auf der sich das Paddel befindet.

Bogenschlag

Beim Bogenschlag wird das Paddel im vorderen Bereich, dicht am Board, in das Wasser getaucht und in einem weiten Bogen Richtung Heck gezogen. Während des Zuges soll das Paddelblatt komplett eingetaucht bleiben und das Körpergewicht wird gleichzeitig auf beide Beine verteilt, um einen festen Stand zu erreichen. Der Radius der zu fahrenden Kurve hängt von der Größe des Bogens und der Board-Form ab. Wird der Bogenschlag auf der linken Board-Seite ausgeführt, dreht sich das Board nach rechts.

Wichtig! Sicherer Stand bei einem weiten Bogenschlag

Ab ins Manöver

Hilfreiche Paddelschläge

34

Hier folgen noch ein paar Paddelschläge, die z. B. bei schmalen Gewässern, beim Anlegen oder in einer kniffligen Situation hilfreich sind. Diese Manöver können einem helfen, wenn in einer Gruppe geSUPt wird. Um ein »Rammen« der Mit-SUPer zu vermeiden, ist es hilfreich, wenn man sein Board manövrieren kann.

V-Schlag

Die V-Lenkung funktioniert nur aus der Vorwärtsbewegung des Boards heraus und ist im Grunde genommen kein »Schlag«, sondern eine Paddelhaltung. Das Paddelblatt wird in einem offenen Winkel von 30 bis 40 Grad im vorderen Bereich des Boards in das Wasser getaucht und bildet zusammen mit der Board-Kante ein »V«. Das Paddel wird nicht durch das Wasser gezogen, sondern verbleibt im vorderen Bereich des Boards. Das Board dreht sich bei entsprechender Board-Bewegung in die Richtung des Paddels. Je größer der Winkel des Paddelblatts und je weiter es im vorderen Bereich des Boards eingetaucht ist, desto enger ist der Kurvenverlauf.

Achterschlag

Diese Paddelbewegung dient zum Manövrieren des Boards, um z. B. anzulegen oder bei wenig Raum zu steuern. Das Paddel wird dabei in Form einer Acht durch das Wasser geführt und durch das Verstellen des Paddelblatts wird eine seitliche Zugbewegung aufgebaut. Die Hand am Paddelgriff führt die Drehbewegung des Paddels durch, die Hand am Paddelschaft führt das Paddel durch das Wasser und »zieht« das Board in die gewünschte Richtung.

Zu bedenken ist, dass eine gleichmäßige parallele Bewegung des Boards nur dann möglich ist, wenn das Paddel im hinteren Bereich des Bretts durch das Wasser geführt wird. Dies liegt daran, dass die Finne eine gewisse Bremswirkung entwickelt. Dieses Manöver verlangt einiges an Übung und die Effektivität ist abhängig von der Board-Länge und der Finnengröße.

Bremsen

Um das Board aus der Bewegung heraus anzuhalten, sind zwei bis drei kräftige Schläge nötig. Dazu taucht man das Paddel im hinteren Bereich, dicht am Board, komplett in das Wasser ein und drückt es entlang der Board-Kante in einer kraftvollen Vorwärtsbewegung nach vorne. Dabei kann die untere Hand zu Beginn des Schlages auf dem Oberschenkel abgelegt werden, um eine größere Hebelwirkung zu erzielen. Anschließend sollte zügig die Seite gewechselt werden, um den gleichen Schlag auf der anderen Board-Seite auszuführen. Sollten zwei Paddelschläge nicht ausreichen sein, um das Board zu stoppen, wird das Manöver wiederholt, bis das Board zum Stehen kommt oder eine leichte Rückwärtsbewegung erreicht wird. Wichtig ist beim Bremsen ein sehr fester Stand auf dem Board und eine ganzheitliche Körperspannung!

Das Erlernen des Bremsmanövers sollte langsam gesteigert und nicht direkt aus voller Fahrt heraus ausprobiert werden. Ansonsten kann der Lerneffekt, welche Kräfte plötzlich auftreten können, mit einem überraschenden Badestopp enden.

V-Schlag: das Paddelblatt anwinkeln, im vorderen Bereich einstechen ...

... und warten. Das Paddelblatt wird nicht durch das Wasser gezogen.

Entspannt und effektiv über das Wasser gleiten

Effizienz ist gut

Mit wenig Kraft schnell vorwärtskommen

Neben allen Technikmanövern, verschiedenen Paddelschlägen, unterschiedlichen Board-Längen und -Breiten gibt es noch ein paar andere Faktoren, die dazu beitragen, dass die Zeit auf dem Wasser ein gutes Erlebnis ist – oder eben nicht. Eine der entscheidenden Fragen ist, ob einem mehr das hochfrequente oder das niederfrequente Paddeln liegt. Das ist vergleichbar mit zwei Radfahrern, die unangestrengt die gleiche Geschwindigkeit fahren, wobei der eine Fahrer eine hohe Pedalumdrehung tritt und der andere Fahrer eine niedrige Umdrehung.

Schnelligkeit oder Kraft

Das gleiche Prinzip gibt es auch beim Stand-up-Paddling. Der eine SUPer hat eine hohe Schlagzahl (viele Paddelzüge) und der andere Paddler hat eine niedrige Schlagzahl (wenige Paddelzüge), aber beide fahren die gleiche Geschwindigkeit. In der Regel nutzt der Paddler mit der hohen Schlagfrequenz ein Paddel mit einer kleineren Blattfläche und die Paddelzüge sind deutlich kürzer. Die einzelnen Paddelschläge werden dementsprechend weniger kraftvoll ausgeführt. Bei dem SUPer mit der niedrigen Frequenz ist es umgekehrt. Bei ihm ist das Paddelblatt größer und die Paddelzüge fallen länger aus. Die einzelnen Paddelschläge werden dementsprechend kraftvoller ausgeführt.

Ob einem das langhubige oder das kurzhubige Paddeln besser gefällt, muss jeder für sich entscheiden. Meistens stellt sich diese Frage erst mit einiger SUP-Erfahrung und im Vergleich mit anderen Paddlern.

Langer Paddelzug für einen effizienten Vortrieb

Üben, üben, üben

Langsam zum perfekten Zug

36

Auch wenn ein SUP-Kurs belegt wurde und die Erfahrung auf dem Wasser schon über »erste Paddelversuche« hinausgeht, gibt es noch ein paar Dinge, die jeder SUPer für sich tun kann, um eine gute oder bessere Zeit auf dem Wasser zu haben. In erster Linie handelt es sich dabei um etwas, das bei Schülern oft wenig beliebt ist: Üben! Für das Üben braucht es Zeit und Geduld. Auch beim Stand-up-Paddling gibt es Dinge, die nur mit der Zeit erlernt werden können. Besonders schwierig ist es, sich alte und (eventuell) falsche Paddelmethoden abzugewöhnen. Das Gleiche gilt für eine angewöhnte ungesunde Körperhaltung.

Hilfe von außen

Was ist zu tun? Zum einen kann einem das Trainieren in einer Gruppe Gleichgesinnter helfen, die unterstützend wirken und von außen konstruktive Anmerkungen einbringen können. Um die Körper- und Paddelhaltung zu verbessern, kann ebenfalls eine Kamera genutzt werden, auf der es möglich ist, sich seine eigene Paddeltechnik anzuschauen.

Für das Erlernen komplexerer Paddelschläge und Bewegungsabläufe ist es sehr von Vorteil, die richtige Bewegung sehr langsam, quasi in Zeitlupe, einzustudieren. Mit dieser Methode verfestigt sich der Bewegungsablauf und wird später zu einem routinierten Paddelzug. Ebenfalls hilfreich ist es, einen schwierigen oder ungewohnten Bewegungsablauf in kleinere Schritte zu zerlegen und diesen in Teilabschnitten zu erlernen.

Entspannt auf dem Board besprechen, wie und was optimiert werden kann

Erst planen, dann paddeln

Was zu bedenken ist, bevor es losgeht

Zur Planung einer SUP-Tour gehört nach der ersten Idee eine gewisse Vorbereitung, die – je nach Streckenlänge und Anspruch an die Route – gewissenhaft durchgeführt werden sollte. Die erste Frage, die sich jeder stellen sollte, lautet: Bin ich körperlich fit? Und dann: Fühle ich mich fit für das, was ich machen möchte?

Bei der Planung der Tour sollte man in sich hineinhorchen, um festzustellen, was man machen und erleben möchte. Wenn an der Tour mehrere Personen teilnehmen, ist es im Vorfeld sehr wichtig abzuklären, was jeder Einzelne erleben möchte und welches Tempo geSUPt werden soll. Dies ist auch wichtig, um Auseinandersetzungen und Enttäuschungen während der Tour zu verhindern.

Planen der Route

Die Routenplanung hängt entscheidend davon ab, ob alle Teilnehmer ein gutes Erlebnis haben werden oder nicht. Faktoren dafür sind: Was möchte ich erleben und wie fit bin ich? Wie ist die Wettersituation aktuell und in dem Zeitraum der Tour? In welche Richtung soll es gehen? Was gibt es unterwegs zu erleben? Wie viele Kilometer umfasst die gesamte Tour, die ich/wir SUPen möchte(n) und wie lange werde ich/werden wir circa dafür brauchen (einschließlich aller Pausen, Besichtigungen usw.)?

Für die Planung einer SUP-Tour kann es hilfreich sein, sich im Internet auf diversen Plattformen und in verschiedenen Foren zu informieren. Das Gleiche gilt für das Heranziehen verschiedener Karten und Reiseführer.

Gemütliche Tour mit der Sonne im Rücken auf einem ruhigen Fluss

Erst prüfen, dann paddeln

Was bei der ausgewählten Route zu bedenken ist

38

Nach der Planung kommt das Überprüfen der Bedingungen für die ausgewählte Tour. Dazu gehört das Checken der Wellen- und Windverhältnisse, der Temperaturen (Luft und Wasser) und des zu erwartenden Boots- und Schiffsverkehrs auf der geplanten Route. Je nach Tages- und Jahreszeit können diese Einflussgrößen erheblich schwanken. Zum Beispiel kann es morgens am Alpenrand windstill und heiß sein und gegen Nachmittag kommt es zu starken Gewittern mit Sturm und sinkenden Temperaturen. Die Wetterentwicklung muss stets im Auge behalten werden und die Wettervorhersage ist vor und während der Tour zu prüfen. Dies ist besonders wichtig bei längeren Überquerungen von freien Wasserflächen!

Zu bedenken ist auch, dass in Bereichen, an denen Wellen nicht auslaufen können, z.B. an Hafenmauern, steilen Uferböschungen und Spundwänden, das Zurückschlagen der Wellen zu sehr unruhigem Wasser führen kann, welches sich schlecht befahren lässt. Daher ist es sinnvoll, diese Bereiche zu befahren, wenn wenig Boots- und Schiffsverkehr herrscht. Es macht ebenfalls Sinn, die Richtung der Tour nach Windstärke und Windrichtung festzulegen, also z.B. erst in der Nähe des durch Bäume und Gebäude abgedeckten Ufers zu fahren, um dann mit Rückenwind über eine größere freie Wasserfläche zu SUPen.

Nimm dir Zeit! Nehmt euch Zeit!

Von Vorteil ist es, wenn im Vorfeld in Erfahrung gebracht wird, wie weit jeder Teilnehmer unter guten Bedingungen in einer Stunde SUPen kann. Umgekehrt bedeutet dies: Wie lange braucht jeder einzelne Paddler, um eine bestimmte Distanz (z.B. 5 km) entspannt zu SUPen? Kann das ermittelte »Tempo« die ganze Tour über gehalten werden?

Damit die Tour ein Erfolg wird, ist es nötig, großzügige Pausen einzuplanen, um sich zu erholen und das Wahrgenommene zu genießen. Je mehr es über und unter Wasser zu sehen gibt, desto länger dauert eine Tour.

Des Weiteren gilt, dass Wetterveränderungen, z.B. auftretender Gegenwind, eine Tour zeitlich verlängern können und das geplante Ziel in die Ferne rückt oder nicht mehr erreicht werden kann. Deshalb muss auch in Erwägung gezogen werden eine Tour abzubrechen.

Sportliche SUP-Tour mit leichtem Rückenwind am Ufer entlang

Im Vorfeld macht es Sinn, sich zu überlegen, wo man notfalls an Land gehen könnte, sollte aus verschiedenen Gründen (Wetter, körperliche Verfassung usw.) die Tour nicht zu Ende zu fahren sein. Wie könnte die Alternative für den Rückweg aussehen? Was passiert mit dem Equipment?

Abzubrechen, umzudrehen, die Lust zu verlieren ist keine Schande. Die Gesundheit aus falschem Ehrgeiz aufs Spiel zu setzen allerdings schon!

Ein gutes Erlebnis bei einer SUP-Pause ist gerade in der kalten Zeit ein warmes Getränk ...

Hunger! Durst!

Was nehme ich Leckeres mit?

Ab auf SUP-Tour und nach kurzer Zeit ist er da: der kleine oder große Hunger. Im Vorfeld, besonders bei längeren Touren, gehört der Verpflegungsgedanke mit in die Vorbereitung.

Als Erstes stellt sich die Getränkefrage. Gut eignen sich Durstlöscher, die bei schweißtreibenden Touren den Mineralhaushalt wieder auffüllen. Die Getränke sollten nicht in Glasflaschen mitgenommen werden, da dies ein unnötiges Zusatzgewicht bedeutet und bei Glas die Gefahr der Scherbenbildung besteht. Die Kombination aus scharfer Glasscherbe und aufblasbarem SUP-Board kann einem zusätzlich den Schweiß auf die Stirn treiben. Die Menge an Getränken sollte großzügig bemessen sein, da gerade im Sommer bei hohen Temperaturen und stetiger Sonneneinstrahlung der Flüssigkeitsverlust sehr hoch werden kann. Bei besonders schweißtreibenden Touren bietet sich die Mitnahme eines Trinkrucksacks an.

Guten Appetit

Essenstechnisch ist alles erlaubt, was sich gut verdauen lässt und nicht zu sehr belastet. Dies können z. B. hochwertige Müsliriegel, Obst und Gemüse oder auch ein leckeres Butterbrot sein. Alles zusammen kommt wasserdicht verpackt in ein entsprechendes Board-Bag. Bei sehr ausgedehnten Touren oder unbekannten Strecken, ist eine zusätzliche »Notverpflegung« mitzunehmen.

An vielen SUP-Routen besteht die Möglichkeit der Essens- und Getränkeaufnahmen in Restaurants oder Cafés. Allerdings sollte dies nur eine Option sein, da Restaurants geschlossen sein können oder nicht das richtige Angebot bieten.

... oder im Sommer was Kühles, Prost!

Kalt und warm

Bei jedem Wetter die passende Bekleidung

40

Egal ob eine längere SUP-Tour ansteht oder nur ein kurzer Trip, in den allermeisten Fällen braucht der SUPer etwas zum Anziehen. Die Bekleidung sollte so ausgewählt werden, dass sie den zu erwartenden Wetterbedingungen entspricht. Lieber ein paar Sachen zu viel mitnehmen als zu wenig. Das Prinzip des Zwiebellooks (mehrere Kleidungsschichten übereinander) lässt sich auch beim SUPen gut anwenden. Die verwendete Kleidung sollte schnell trocknen, winddicht sein und Nässe vertragen können. Bei intensiver Sonneneinstrahlung empfiehlt es sich, eine Kopfbedeckung zu tragen, um einen Sonnenstich zu vermeiden.

Gut geschützt

Auf dem Wasser ist die Sonneneinstrahlung aufgrund der Reflexion um ein Vielfaches höher als auf dem Land. Deshalb ist es wichtig, wasserfeste Sonnencreme mit einem hohen Schutzfaktor aufzutragen und mitzunehmen. Alternativ kann z. B. ein Longsleeve mit UV-Schutzfaktor getragen werden.

Winddicht im Herbst

Der Einsatz einer Sonnenbrille mit einem guten UV-Filter ist ratsam, um die Augen zu schonen. Bei zu dunklen Gläsern entgeht einem allerdings viel von dem, was unter dem Board passiert. Brillen mit polarisierenden Gläsern können bei sehr klarem Wasser zu Gleichgewichtsproblemen und Schwindelgefühl führen.

Je nach geplanter Tour muss festes Schuhwerk mitgenommen und getragen werden, z. B. wenn das Board an Schleusen umtragen werden muss, die Uferbereiche steinig sind oder das Wasser sehr trüb ist und der Grund des Gewässers nur schwer zu erkennen ist.

Oben bleiben

Schwimmen sollte man können

Eine der meistgestellten Fragen von Leuten, die mit dem Stand-up-Paddling beginnen möchten und zuvor noch nie etwas mit Wassersport zu tun hatten, lautet: »Was passiert, wenn ich ins Wasser falle?« Jedem erfahrenen Wassersportler treibt die Frage ein leichtes Schmunzeln ins Gesicht. Dabei ist die Frage völlig berechtigt. Die Sorge, die hier zum Ausdruck kommt, lässt sich mit der lapidaren Antwort »Dann bist du nass!« nicht aus der Welt schaffen.

Menschen, die zum ersten Mal von einem SUP-Board ins Wasser fallen, wollen natürlich wissen, wie schwer es ist, wieder auf das Board zu kommen, und ob beim Sturz ins Wasser eventuell ein Verletzungsrisiko besteht. Die Frage wird dann umso wichtiger, wenn die Schwimmkünste des Anfängers mehr schlecht als mittelmäßig sind. Ein Nichtschwimmer oder jemand, der nur sehr schlecht schwimmen kann, sollte niemals ohne gute Schwimmweste auf ein SUP-Board steigen. Des Weiteren muss eine Leash genutzt werden und der Anfänger sollte nur in Begleitung auf das Wasser gehen.

Das gilt für jeden Paddler

Jeder SUPer mit noch so viel Erfahrung muss sich stets bewusst sein, dass er zu jeder Zeit in das Wasser fallen kann und dann mit der daraus neu entstandenen Situation umgehen muss. Dies spielt besonders dann eine Rolle, wenn das Wasser kalt ist und/oder der Wind das Board wegtreiben könnte. Deshalb muss jeder Paddler ein Sicherheits-Back-up haben.

Gemeinsames SUPen erhöht die persönliche Sicherheit auf dem Wasser.

Der Gegner

Wind von vorne

42

Was mag ein Stand-up-Paddler auf keinen Fall? In den meisten Fällen lautet die Antwort: Gegenwind! Was ist zu tun, wenn einem der Wind entgegenbläst? Zum einen ist es wichtig, die »Angriffsfläche« zu verringern und sich möglichst klein zu machen. Dies kann so weit gehen, den Abschnitt mit Gegenwind im Sitzen zu absolvieren.

Durch den niedrigen Schwerpunkt liegt das Board auch noch stabiler auf dem Wasser, was ebenfalls hilfreich ist. Denn Wind von vorne bedeutet auf einer freien Wasserfläche gleichzeitig, dass es zu einer verstärkten Wellenbildung kommt. Die Wellen sorgen wiederum dafür, dass ein Vorankommen langsamer, kippliger und insgesamt anstrengender wird.

Wind von vorne, kabbeliges Wasser, offenes Meer und alles im Wettkampfmodus

Dem Gegenwind die Stirn bieten

Ein weiterer Tipp für das Passieren einer Gegenwindstrecke ist, das Paddel tief in das Wasser einzutauchen, um genügend Druck auf das Paddelblatt zu bekommen und dadurch genug Vortrieb zu erzeugen. Des Weiteren kann es sich anbieten, nicht frontal gegen den Wind zu fahren, sondern in einem spitzen Winkel gegen den Wind und die Wellen anzupaddeln. Natürlich verlängert sich die Strecke dementsprechend und die körperliche Ausdauer wird mehr gefordert.

Ein absolutes Muss bei Wind auf größeren Wasserflächen ist das Anlegen einer Leash. Im Falle eines Reinfalls sorgt sie dafür, dass das Board nicht abtreibt. Gerade leichte und unbeladene ISUPS treiben schneller ab, als der Normal-Paddler hinterherschwimmen kann.

Ohne Board wird es bei unruhigem Wasser und windigen Bedingungen schwierig sein, das rettende Ufer zu erreichen. Insbesondere, wenn dieses mehrere Hundert Meter entfernt ist. Eine Schwimmweste hält einen zwar über Wasser, an Land bringt sie einen jedoch nicht.

Wellen sind auf einem Race-Board eine Herausforderung – Geschwindigkeit hilft.

Die Herausforderung

43

Wellen von der Seite

Was bringt den SUPer auf einem schmalen Board zum Schwitzen? Genau: Wellen von der Seite. Jeder, der sich mit Stand-up-Paddling beschäftigt, und sei es auch nur eine halbe Stunde beim ersten Schnupperkurs, hat die Erfahrung gemacht, was Wellen bewirken können. Selbst dann, wenn »die Welle« nur durch einen vorbeifahrenden SUPer ausgelöst wurde.

Je schmaler ein Board ist, desto anfälliger ist es für Wellen von der Seite. Dies trifft besonders auf kurze Wellen zu, die z. B. durch kleine Motorboote oder den Rückschlag an steilen Uferzonen erzeugt werden.

Im Sitzen geht es besser

Im Optimalfall sollten Wellen mit dem Bug (der Nase) zuerst durch- oder überfahren werden. Aufgrund der Länge des SUP-Boards kann so ein Ausgleich zwischen Wellenberg und Wellental stattfinden. Zudem ist beim Durchfahren von Wellen zu beachten, dass das Board umso stabiler auf dem Wasser liegt, je niedriger der Schwerpunkt auf dem Brett ist. Mit anderen Worten: Es ist keine Schande, sich bei anrollenden Wellen, die z. B. ein größeres Motorboot erzeugt, hinzusetzen oder auf das Board zu knien und die unangenehme Situation abzureiten.

Ein Board in Bewegung liegt stabiler auf dem Wasser als ein Board, welches nur vor sich hin dümpelt. Deshalb sollte man beim Durchfahren von Wellen das Brett aktiv vorwärtsbewegen. Genauso hilft eine vorausschauende Fahrweise, um andere wellenerzeugende Verkehrsteilnehmer frühzeitig zu erkennen. Dies kann vor Überraschungen und einem ungewollten Badespaß schützen.

Wellen von der Seite machen das SUPen anspruchsvoller.

Ab ins Wasser

Einen guten SUP-Spot finden

44 Ob ein Gewässer für einen Stand-up-Paddler attraktiv ist oder eben nicht, hängt davon ab, was auf dem Wasser passieren soll. Entscheidend ist daher auch, was für ein SUP-Typ der jeweilige Paddler ist. Für den Racer gelten natürlich andere Merkmale als für den 200-Meter-reichen-mir-Typ. Da die Mehrheit der SUPer aus Tourenpaddlern und entspannten Dahingleitern besteht, betrachten wir im Folgenden die Wahl des richtigen SUP-Spots aus deren Perspektive.

Das perfekte Gewässer

Klares Wasser, das die Möglichkeit bietet, die Unterwasserwelt zu beobachten, ist schöner als Brackwasser mit einer Sichtweite unter 20 Zentimetern. Hinzu kommt, dass klares Wasser im Sommer eher zum Baden einlädt als ein Moortümpel. Darüber hinaus trägt eine abwechslungsreiche Uferzone dazu bei, die Ränder des jeweiligen Gewässers zu erkunden. Dies kann eine interessante Bebauung sein oder eine naturbelassene Zone. Ein netter Fernblick oder ein tolles Panorama machen einen SUP-Spot zusätzlich zum Highlight.

Wenig Motorbootverkehr auf dem Gewässer ist ebenfalls attraktiv, da es zu weniger Wellenbildung kommt und es auf dem Wasser ruhiger zugeht. Außerdem ist eine verschlungene Route schöner zu SUPen als ein kreisrunder See, der komplett überblickt werden kann. Wenn es dann noch lauschige Pausenplätze oder einladende Cafés am Ufer gibt, ist ein solches Gewässer ein nahezu perfekter SUP-Spot.

Klares Wasser – schönes Ufer – gutes Wetter – keine Wellen

SUPen zu zweit mit besten Bedingungen in schöner Umgebung. Besser geht es kaum ...

Hier kommst du nicht rein

Befahrungsverbote für Stand-up-Paddler

45

Es gibt Gewässer, auf denen ein grundsätzliches Befahrungsverbot für muskelkraftbetriebene Fahrzeuge – zu denen Stand-up-Paddles gehören – gilt. Zeitliche Beschränkungen, vorgegebene Pegelstände für die Befahrung oder die Vorgabe, dass nicht mehr als eine bestimmte Anzahl von Personen oder Booten pro Tag ein Gewässer befahren dürfen, sind weitere Einschränkungen. Des Weiteren gibt es z. B. Privatseen, die zu keiner Zeit befahren werden dürfen, oder Gewässer, die nur mit einer schriftlichen Genehmigung befahren werden dürfen.

Gründe für ein Verbot

Im Einzelnen gibt es gemäß dem Deutschen Kanu-Verband (DKV) unterschiedliche Befahrungsregeln:

- Betretungsverbote des Ufers und der Kiesbänke (z. B. in Naturschutzgebieten) dienen dem Schutz der empfindlichen Vegetation oder bodenbrütender Vögel.
- Die Vergabe von Kontingenten bewirkt, dass nicht allzu viele Boote/Boards pro Tag das Gewässer befahren (Touren vorher bei den zuständigen Stellen anmelden).
- Tages- oder jahreszeitliche Regelungen beruhigen die Gewässer, einschließlich deren Umgebung während der Dämmerung und der Brutzeit.
- Mindestpegel-Regelungen schützen den Gewässergrund vor Beschädigung durch den Bootskörper oder die Finne. Der Bootskörper oder das Board werden im Gegenzug ebenfalls vor Beschädigungen geschützt
- Bei manchen Gewässern sind die Größe und der Typ des Wassersportgerätes vorgeschrieben, ebenso kann eine Schwimmwestenpflicht vorliegen.
- Zum Teil liegen ganzjährige Befahrungsverbote vor, wenn besonders schützenswerte Lebewesen das Gewässer bewohnen.
- Bei einigen Gewässern wird aus ökologischen Gründen ein ganzjähriger freiwilliger Befahrungsverzicht empfohlen.

Für welches Gewässer welche Regeln gelten, hat der DKV in einer mehrseitigen PDF-Datei, die unter diesem Link abrufbar ist, zusammengetragen: www.kanu.de/go/dkv/_ws/mediabase/downloads/freizeit/gewaesser/Befahrungsregelungen.pdf.

Natürlich kann es immer sein, dass ein Gewässer nicht in den Befahrungs-regelungen aufgeführt ist, weil es seit der letzten Aktualisierung der Rege-lungen gesperrt wurde. Deshalb sind vor dem Befahren eines Gewässers immer im Vorfeld die entsprechenden Regelungen in Erfahrung zu bringen.

Bojenreihen markieren immer ein Befahrungsverbot oder einen vorgegebenen Wasserweg.

Licht aus

SUP-Touren bei Vollmond

46

Die Idee kann einem schon in den Sinn kommen: »Sollen wir mal im Dunkeln SUPen?« Zunächst einmal empfiehlt es sich nur bei Vollmond, wolkenlosem Himmel und gutem Wetter, nachts auf das Wasser zu gehen.

Da das Mondlicht gerade ausreichend Restlicht spendet, ist es noch möglich zu erkennen, wo es langgeht. Trotzdem sollte eine Vollmond-Tour nur auf einem gut bekannten Gewässer gestartet werden, um unbekannte Unterwasserhindernisse frühzeitig zu erkennen. Auf jeden Fall ist das Mitführen einer wasserdichten Taschen- oder Kopflampe ratsam, mit der im Zweifelsfall der »Weg« ausgeleuchtet wird.

Orientierungslicht für SUP-Touren in der Dämmerung oder Dunkelheit

Sehen und gesehen werden

Die Orientierung im Dunkeln und die ungewohnte Perspektive auf eigentlich Bekanntes sind die Highlights einer Vollmond-Tour. Logischerweise sind bei einer Nacht-Tour Absprachen und das Zusammenbleiben in der Gruppe wesentlich. Wichtig zu wissen ist, dass das Befahren von öffentlichen Wasserwegen nach Sonnenuntergang nur mit einer entsprechenden Beleuchtung (in der Regel ein weißes Rundumlicht) erlaubt ist. Andere Verkehrsteilnehmer (z. B. Motorboote, Segler usw.) müssen einen auf dem Wasser erkennen können.

Inzwischen gibt es bei einigen SUP-Stationen sogenannte Sonnenuntergangs- oder Vollmondtouren zu buchen. Im Rahmen einer geführten Tour liegt die Vorbereitung und Durchführung bei dem jeweiligen Veranstalter.

Achtung: Paddeln bei Neumond und dementsprechender völliger Dunkelheit kann auf großen Wasserflächen oder Gewässern mit Berufsschifffahrt lebensgefährlich sein!

Sicherheit auf dem Wasser

Ohne Verluste hin und zurück

47

Einer der Vorteile des Stand-up-Paddlings ist die Einfachheit dieses Sportes. Er ist leicht zu erlernen, recht günstig in der Anschaffung und auf vielen Gewässern durchführbar. Leider liegen in den einfachen Dingen oft die versteckten Probleme. Weil es eben einfach ist, an ein Board zu kommen, und dieses schnell aufs Wasser gebracht wird, kommt es gerade bei den sehr preisbewussten Einsteigern mit mangelndem Wissen zu den meisten Unglücken.

Wie in anderen Kapiteln erwähnt, ist nicht nur eine gute Planung bei längeren Touren ratsam, sondern auch das Wissen, welches Verhalten in kritischen Situationen wie Wetterumschwung, Defekte am Material, Verletzungen usw. notwendig ist.

Nachdenken und beobachten

Je rücksichtsloser geSUPt wird, desto mehr Schwierigkeiten gibt es im Miteinander auf dem Wasser. Deshalb gilt selbst auf dem kleinsten Baggersee, dass gegenseitige Rücksichtnahme Pflicht ist, damit alle Beteiligten eine gute Zeit auf und im Wasser haben.

Besonders wichtig für die eigene Gesundheit ist es, dass einem immer das Risiko bewusst ist, das man eingeht. Leider ist dafür oft ein gewisses Grundwissen vonnöten. Ein Beispiel dafür ist ablandiger Wind. Am Ufer scheint die Sonne, es ist warm und Wellen gibt es keine. Der Wind weht konstant vom Ufer auf den großen See hinaus und treibt dabei Blätter und ein wenig Sand vor sich her. Der Unbedarfte besteigt sein Board und fährt entspannt mit Rückenwind auf das Gewässer hinaus. Nach den ersten paar Hundert Metern blickt er sich um und staunt darüber, wie schnell er sich vom Ufer entfernt hat. Nach ein paar weiteren Minuten beschließt er umzudrehen und den Rückweg anzutreten. In diesem Augenblick wird es schon schwierig, das Board zu wenden und die Nase des Bretts in den Wind zu drehen. Ist dies geschafft, stellt der SUPer fest, dass er nicht von der Stelle kommt – zumindest fühlt es sich so an – und das Board ständig mit der Spitze aus dem Wind dreht. Hier kommen ein paar Dinge zusammen. Zum einen ist ablandiger Wind auf dem Wasser immer stärker, als er auf dem Land wahrgenommen wird. Zweitens verstärkt sich die Wellenbildung, je größer die freie Wasserfläche ist, und drittens wird das Paddeln gegen den Wind auf einer freien Fläche als sehr mühsam wahrgenommen.

Nicht immer geht es so locker über das Wasser.

Keine Panik

Hinzu kommt, dass es bei unerfahrenen Paddlern zu Panikreaktionen kommen kann, die darin enden, dass der SUPer in das Wasser springt und schwimmenderweise, ohne Board, versucht das rettende Ufer zu erreichen. Leider ist dieser extreme Fall der häufigste Grund für Rettungsaktionen im Bereich Stand-up-Paddling.

Schafft der Paddler es nicht, sich aus eigener Kraft aus der Notsituation zu befreien, muss Hilfe von außen kommen. Die Helfer bringen sich in extremen Situationen selbst in Gefahr. Und dies nur, weil nicht ausreichend beobachtet und nachgedacht wurde.

Selbst in direkter Ufernähe kann einem eine Schwimmhilfe helfen (Restube® an der Hüfte).

Notsignal

48

Ich brauche Hilfe!

Sollte es während des SUPens zu einer Notsituation kommen, gibt es ein paar Regeln, die einem helfen, diese Lage zu überstehen. Zunächst sollte man das allgemein gültige Notsignal kennen:

Auf das Board setzen oder stellen, wenn dies noch möglich ist, und die ausgestreckten Arme langsam auf und ab bewegen, mit der Blickrichtung zur möglichen Hilfe (»müde Fliege«).

Beim Board bleiben

Fällt man in einer schwierigen Situation ins Wasser, sollte man unbedingt zuerst zum Board schwimmen und erst dann das Paddel sichern. Das Paddel kann bei Wind und Wellen nicht abtreiben, das Board (besonders ein ISUP) ist bei starkem Wind sehr schnell außer Reichweite!

Bei größeren Gewässern und einer beträchtlichen Distanz zum Ufer sollte man **niemals** das Board verlassen und versuchen schwimmend das Ufer zu erreichen. Stattdessen heißt es Ruhe bewahren, nicht in Aufregung verfallen und sich eventuell auf eine längere Wartezeit einstellen. Aus der Luft, vom Ufer oder einem Boot aus ist ein SUP-Board immer leichter zu erkennen und zu finden als ein Schwimmer, bei dem nur der Kopf aus dem Wasser schaut. Dies ist besonders bedeutend, wenn das Wasser sehr unruhig ist und ein starker Wind weht.

Als Hilfsmittel für eine Notsituation bieten sich ein Handy in wasserdichter Hülle, eine Leash, eine Pfeife, eine Schwimmweste oder ein Restube® an. Hilfreich ist es darüber hinaus, nicht alleine zu SUPen, die Planung und Vorbereitung nicht zu vernachlässigen sowie Personen über den geplanten SUP-Trip im Vorfeld zu informieren. Beim letzten Punkt sollte man nicht vergessen sich zurückzumelden, wenn man wohlbehalten heimgekehrt ist.

Rettungswesten mit Kragen

Wieder rauf

Wie komme ich wieder auf das Board?

49

Jetzt ist es passiert: Der Blickwinkel hat sich schlagartig verändert. Die Aussicht fällt auf die Board-Kante, in der einen Hand befindet sich das Paddel und das Wasser, welches sich gerade einen Weg auf die nackte Haut bahnt, fühlt sich ganz schön kalt an. »Ich bin ins Wasser gefallen!« Dies kann natürlich viele Gründe haben. Am Anfang der SUP-Karriere sind es meist Technikfehler und unbedachtes Verhalten auf dem Board. Später ist es vielleicht Übermut, Spielerei oder ein wirklich schmales, 21" breites Brett, welches einen in das Wasser verhilft.

Während oder besser kurz vor dem Fall sollte man sich bewusst machen, dass der Fall möglichst sanft vonstattengehen sollte. Damit ist gemeint,

Das Paddel ist schon mal wieder auf dem Trockenen – fehlt noch der »Schwimmer«.

dass der Sturz auf ein Race-Board mit Wannenbauweise und dünnen Carbon Rails sowohl für das Brett als auch für das Schienbein des SUPers schlecht ausgehen kann. Mit anderen Worten: Auf ein ISUP zu fallen ist angenehmer, als mit dem Hintern auf einem Hardboard zu landen.

Seitlich hochziehen

Am einfachsten ist der Aufstieg aus tiefem Wasser an der Seite des jeweiligen Boards. Durch Hochziehen über die Kante (Rail) mit Zurhilfenahme eines Knies wird zuerst eine liegende Haltung auf dem Board und dann eine sitzende Position erreicht. Für sehr schwergewichtige Paddler ist es schwieriger, auf das Brett zu kommen, da beim Raufziehen über die Kante das nötige Gegengewicht fehlt. In diesem Fall sollte der SUPer von einer zweiten Person unterstützt werden.

Anfänger und unsichere Paddler sollten bei guten Bedingungen das Erklimmen des Deckpads aus tiefem Wasser üben, um entsprechend an Sicherheit zu gewinnen.

Seitliches Hochziehen über die Board-Seite auf ein ISUP

Dicke, weiße Wolken

Nicht nur nach vorne schauen

50

Wie heißt es so schön? Wetter ist immer! Deshalb ist es notwendig, sich mit dem Thema Wetter zu beschäftigen. Dies gilt sogar für den Relax-SUPer, der sich nicht weiter als 50 Meter vom Ufer entfernt.

Eine Standardsituation, die es überall und gerade im Sommer zu beobachten gibt, ist ein aufkommendes Wärmegewitter. Am Anfang des Tages herrscht strahlender Sonnenschein, es weht nur ein laues Lüftchen und es ist schön warm. Ideales SUP-Wetter!

Leider kann es – in manchen Regionen (z. B. im Voralpenland) besonders schnell – zum Wetterwechsel kommen. Ein aufziehendes Wärmegewitter kündigt sich oft mit großen Kumuluswolken (Haufenwolken) an.

Kumuluswolken kündigen oft einen Wetterwechsel mit Wind und Gewitter an.

Innerhalb kürzester Zeit kommt heftiger böiger Wind auf und meist folgt dann ein starker Regenschauer. Solche Wetterwechsel können schnell zu einer lebensbedrohlichen Situation führen.

Nach oben blicken

Deshalb ist es wichtig, beim SUPen den Himmel im Auge zu behalten. Sollte sich der Himmel oder der Horizont verdunkeln und es in der Ferne blitzen und donnern, muss das Wasser unbedingt verlassen und das Ufer aufgesucht werden. Man darf nie bei Gewitter auf einem Gewässer SUPen. Dies ist nicht nur wegen der starken Windentwicklung lebensgefährlich, sondern auch wegen eines drohenden Blitzeinschlags.

Ebenfalls gilt, dass vor einer SUP-Tour immer die Wettervorhersage zu checken ist, um auf mögliche Überraschungen vorbereitet zu sein. Bei manchen größeren Seen (z. B. Chiemsee, Bodensee usw.) gibt es entlang der Ufer Sturmwarnleuchten, die vor Starkwind und in der zweiten Stufe vor Sturm (höhere Blitzfrequenz) warnen.

Kleine Wetterkunde

Die wichtigsten Infos rund um das Wetter

51

Ein Wetterumschwung kündigt sich meistens im Voraus an. Richtig gedeutet, können die Anzeichen auf Wetterverbesserung oder -verschlechterung frühzeitig erkannt werden und zur Sicherheit auf dem Wasser beitragen. Zusätzlich können einem die aktuellen Informationen der offiziellen Wetterdienste gute Dienste leisten. Darüber hinaus können eigene Beobachtungen des Wetters zu einer sicheren Tour-Planung und einem guten Verlauf beitragen.

Vorhersagen nach eigenen Beobachtungen

Barometer
- Gleichbleibender Luftdruck: Wetterlage bleibt weitestgehend unverändert
- Steigt der Luftdruck langsam, aber stetig: Hochdruckgebiet naht (gutes Wetter)
- Fällt der Luftdruck langsam, aber stetig: Tiefdruckgebiet naht (schlechtes Wetter)
- Schnelle Luftdruckveränderung: schnelle Wetteränderung
- Fällt der Luftdruck um mehr als 1 hPa pro Stunde, ist mit Sturm zu rechnen

Temperatur
- Temperatur-Minimum kurz vor Sonnenaufgang, Maximum nach Mittag: gutes Wetter
- Sinkt die Temperatur stark ab: im Sommer schlechtes Wetter, im Winter gutes Wetter
- Steigt die Temperatur stark: im Sommer gutes Wetter, im Winter schlechtes Wetter

Wind
- Wind nimmt vom Morgen bis zum Mittag zu, gegen Abend flaut er ab: schönes Wetter
- Wind nimmt gegen Abend zu: Viel Wind und Niederschlag sind zu erwarten
- Nach langer stabiler Phase fängt der Wind an zu drehen: kann schlechtes Wetter bedeuten

Wolken
- Zunahme der Bewölkung: Einfluss eines Tiefdruckgebietes
- Abnahme der Bewölkung: Einfluss eines Hochdruckgebietes
- Vereinzelte, niedrige Haufenwolken: verheißen gutes Wetter
- Wolken in mehreren Schichten und Höhen: deuten auf eine Wetterverschlechterung hin

Feuchtigkeit
- Bildet sich nach warmen Tagen starker Tau: Schönwetter
- Morgennebel wird durch die steigende Sonne aufgelöst: Schönwetter

Sonstige Beobachtungen
- Starkes Abendrot: Schönwetter
- Starkes Morgenrot: Schlechtwetter
- Starkes Flimmern der Sterne: Wetterverschlechterung
- Mond leuchtet silbrig klar, mit scharfen Konturen: Schönwetter
- Wenig Sterne sind sichtbar: eventuell Wind und Regen

Offizielle Vorhersagen

Für offizielle Wettervorhersagen empfehlen sich die staatlichen Institute:

Deutscher Wetterdienst:
www.dwd.de

Zentralanstalt für Meteorologie und Geodynamik (Österreich):
www.zamg.ac.at

Bundesamt für Meteorologie und Klimatologie (Schweiz):
www.meteoschweiz.admin.ch

Eine gute kommerzielle Seite, aufgrund einer großen Anzahl an Messstationen, ist _kachelmannwetter_:
www.kachelmannwetter.com

Bei aufkommendem Nebel können sich die Sichtverhältnisse schnell verschlechtern.

Die Bestimmung des Windes

Einteilung in Windstärken

52

Die Beaufortskala ist ein Gradmesser zur Einteilung der Windstärke in 13 Stärkenbereiche von 0 (Windstille) bis 12 (Orkan). Sie beruht nicht auf exakten Messungen, sondern auf den beobachteten Auswirkungen des Windes. Benannt ist das weit verbreitete System zur Beschreibung der Windstärke nach Sir Francis Beaufort.

Beaufort-Grad	Bezeichnung	km/h	Beispiele für die Auswirkungen des Windes im Binnenland
0	Windstille	< 1	Rauch steigt senkrecht auf
1	leiser Zug	1 – 5	Windrichtung angezeigt durch den Zug des Rauches
2	leichter Wind	6 – 11	Wind im Gesicht spürbar, Blätter und Windfahnen bewegen sich
3	schwacher Wind	12 – 19	Wind bewegt dünne Zweige und streckt Wimpel
4	mäßiger Wind	20 – 28	Wind bewegt Zweige und dünnere Äste, hebt Staub und loses Papier
5	frischer Wind	29 – 38	kleine Laubbäume beginnen zu schwanken, Schaumkronen bilden sich auf Seen
6	starker Wind	39 – 49	starke Äste schwanken, Regenschirme sind nur schwer zu halten
7	steifer Wind	50 – 61	fühlbare Hemmungen beim Gehen gegen den Wind, ganze Bäume bewegen sich
8	stürmischer Wind	62 – 74	Zweige brechen von Bäumen, das Gehen im Freien wird erheblich erschwert
9	Sturm	75 – 88	Äste brechen von Bäumen, kleinere Schäden an Häusern (Dachziegel oder Rauchhauben werden abgehoben)
10	schwerer Wind	89 – 102	Wind bricht Bäume, größere Schäden an Häusern
11	orkanartiger Wind	103 – 117	Wind entwurzelt Bäume, verbreitet Sturmschäden
12	Orkan	Ab 118	schwere Verwüstungen

Quelle: Deutscher Wetterdienst

Wir brauchen sie

Die Umwelt schonen

Das Schöne am Stand-up-Paddeln ist unter anderem, dass einem die Natur sehr nah kommt. Beim langsamen Über-das-klare-Wasser-Gleiten, mit sanften Paddelzügen, kann es gut und gerne passieren, dass die Fischwelt unter einem nicht hektisch davonschwimmt, sondern völlig ungestört ihre Kreise zieht. So kann es vorkommen, dass einem dicke Karpfen begegnen, bei deren Anblick jeder Angler blass vor Neid wird und mancher Schwimmer vor Schreck das Wasser verlassen würde.

Regeln für SUPer

Damit dies so bleibt, gibt es ein paar einfache Regeln zu berücksichtigen:

- Nicht in geschützte Bereiche einfahren!
- Nicht in Schilfgürtel einfahren!
- Nicht während der Lege- und Brutzeit die Vogelwelt stressen!
- Stets Lärm und laute Geräusche vermeiden!
- Nichts ins Wasser werfen oder an Land liegen lassen!
- Alles, was mitgebracht wurde, muss wieder mitgenommen und ordentlich an Land entsorgt werden!
- Raucher werfen niemals ihre Kippen in die Natur, sondern nehmen diese wieder mit!
- Beim Befahren der Gewässer sollte man sich immer an den Grundsatz halten, einen geringen »Fußabdruck« in der Natur zu hinterlassen, um diese auch für nachfolgende Menschen zu erhalten. Wenn sich alle an die paar einfachen Regeln halten, bleibt das freie Befahren der meisten Gewässer für Stand-up-Paddler sicher auch weiterhin erlaubt.
  Für viele SUPer ist es gerade das Naturerlebnis, welches für eine gute und entspannte Zeit auf dem Wasser sorgt.

Jeglichen Müll vermeiden!

Traumstrand und Strandgut mit großen Mengen an Plastikmüll

Nimm es mit

Ein kleiner Beitrag für die Umwelt

Die sehr gute Rundumsicht und der senkrechte Ausblick von oben in das Wasser sind ein klarer Pluspunkt beim Stand-up-Paddling. Durch den direkten Blick von oben lässt sich sehr gut erkennen, was sich alles unter dem Board befindet. Im Optimalfall sind das Fische, Krebse, diverse Wasserpflanzen, Steine oder Sand und noch sehr viel mehr. Leider gibt es nicht nur Natürliches zu entdecken, sondern ebenso jede Menge Dinge, die nicht ins Wasser gehören, z. B. Getränkedosen, Flaschen, Plastik aller Art, verrostete Fahrräder, alte Autoreifen usw. Oder, allgemein gesprochen: Müll und nochmals Müll!

Über die Gründe, warum sich dieser ganze Abfall in der Natur befindet, brauchen wir hier nicht nachzudenken. Vielmehr interessiert uns eine andere Frage.

Was kann ich machen?

Als Allererstes sollte man natürlich keinen Müll in der Natur hinterlassen. Als Zweites kann jeder Müll mitnehmen. Damit ist nicht gemeint, das verrostete und schwere Mofa vom Seegrund zu wuchten, sondern einfach die Plastiktüte, die einem beim SUPen entgegenschwimmt, einzusammeln und an Land ordentlich zu entsorgen.

Manche SUP-Gruppen und SUP-Stationen organisieren auf ihren Home-Spots sogenannte Clean-ups. Dabei trifft sich eine größere Gruppe SUPer, ausgestattet mit Handschuhen und Müllgreifern, und durchforstet das bekannte Gewässer nach allem, was nicht in das Wasser gehört. Am Ende einer solchen Aktion kommt es vor, dass ein voller Container Müll von der Stadtreinigung abgeholt werden muss.

Bei diesen Maßnahmen empfiehlt sich eher das Allrounder-SUP-Board als der Racer. Ein älteres Paddel ist ebenfalls nicht verkehrt, da sich der meiste Müll in Ufernähe befindet und es dadurch öfter zu Grundberührungen kommt.

Plastikmüll unter Wasser

Stark beansprucht

Füße schonen und nicht einschlafen lassen

55

Was kribbelt denn da? Jeder SUPer, der schon mal eine längere Zeit geSUPt ist, kennt dieses Phänomen: Nach einer gewissen Zeit im Stehen kann es vorkommen, dass einem die Zehen oder Füße einschlafen. Das kann verschiedene Ursachen haben. Zum einen kann es daran liegen, dass die Füße und Zehen wenig oder gar nicht bewegt werden und die Durchblutung dadurch eingeschränkt ist. Ein weiterer Grund kann die Beschaffenheit des Deckpads sein. Sehr profilierte und weiche Deckpads können eher dazu führen, dass einem die Zehen und Füße einschlafen.Leider stellt sich dieser Effekt erst nach einiger Zeit ein. Daher ist es schwierig, bei einem kurzen Probepaddeln herauszufinden, ob einem das vorhandene Deckpad eingeschlafene Füße beschert.

Bewegung hilft

Als Vorsorge empfiehlt es sich die Zehen regelmäßig zu bewegen und die Standposition auf dem Board immer mal wieder minimal zu verändern. Somit wird die Durchblutung in den Füßen und Zehen gefördert. Eine weitere Möglichkeit, das »Einschlafen« zu verhindern, ist das Tragen von Schuhen oder Füßlingen, die ein Fußbett besitzen. Der Nachteil hierbei ist, dass durch das Tragen von Schuhen das Board-Gefühl nachlässt.

Sollte alles nichts helfen, müssen die Füße entlastet werden. Dies geschieht bei einer Pause an Land oder, sollte das Ufer zu weit entfernt sein, man legt eine »Sitzpause« auf dem Board ein.

Gegen das aufkommende Kribbeln beim SUPen hilft nur Bewegung für die Füße.

Ganz schön grün

Seegras, Algen und andere Hindernisse

Was treibt denn da? Im Hochsommer und bei erhöhten Wassertemperaturen kommt es auf einigen Gewässern zu vermehrter Algenbildung. Dies ist erst mal nicht weiter tragisch, solange es sich um Grünalgen handelt.

Allerdings kann das Grünzeug dem SUPer ganz schön zusetzen. Beim Überfahren oder Durchkreuzen eines Algenteppichs kann es dazu kommen, dass sich im Heckbereich des Boards plötzlich eine grüne Schleppe befindet und sich das Vorankommen merklich verlangsamt. Was ist passiert? Die Standard-Honeycomb-Finne hat beim Überfahren die Algen eingesammelt und sorgt nun für eine Pause. Abhilfe schafft eine sogenannte Seegras-Finne (Weed-Fin), die nicht senkrecht nach unten verläuft, sondern in einem flacheren Winkel. Somit bleiben weder Algen noch Seegras an der Finne hängen.

Ganz schön flach

Hindernisse unter Wasser gibt es jede Menge, z. B. Äste und Baumstämme, Untiefen (flache Stellen) aus Felsen oder Sandbänke, Reste von Bauwerken usw.

In der Regel sind diese Hindernisse bei aufmerksamer Fahrweise rechtzeitig zu erkennen und zu umfahren, wenn das Wasser klar ist. Bei trüben Gewässern, z. B. in moorigen oder schlammigen Gebieten, ist dies nicht der Fall. Deshalb muss bei geringer Sicht wesentlich aufmerksamer gepaddelt werden, damit es nicht zu bösen Überraschungen kommt.

Wasserpflanzen können einen beim SUPen stark einbremsen.

Alles hat ein Ende

Raus aus dem Wasser

57

Jede SUP-Tour geht mal zu Ende. Nicht vergessen: unbedingt bei der Person zurückmelden, die als Back-up zur Sicherheit über die Tour informiert wurde! Nachdem das Board vom Wasser gehoben wurde, gilt es, darauf zu achten, dass das Board nicht mit der Finne nach unten auf dem Boden abgelegt wird. Merkwürdigerweise ist diese Eigenart der zwischenzeitlichen Board-Lagerung weit verbreitet. Aus zweierlei Gründen sollte man das vermeiden. Zum einen bekommt die Finne, besonders auf harten Böden, eine stumpfe Schneidekante und unschöne Kratzer. Eine stumpfe Finne kann ein Board merklich verlangsamen. Zum anderen besteht durch die labile und kleine Auflagefläche die Gefahr, dass die Finne im Finnenkasten abbricht. Dafür braucht es nur einen leichten seitlichen Anstoß im Heckbereich des Boards. Hochwertige Race-Finnen können abbrechen und günstige, weiche Plastikfinnen können sich verbiegen. Besser ist es, das Brett umgedreht auf das Deckpad zu legen oder seitlich, z. B. an eine Mauer o. Ä., anzulehnen.

Richtig gelagert

Bevor das Board für längere Zeit eingepackt gelagert wird, ist es wichtig, dass das Deckpad und bei ISUPs die Griffschlaufen komplett durchgetrocknet sind. Sollte dies vergessen werden, fangen die Pads und Schlaufen an zu schimmeln und entwickeln einen unangenehmen Geruch, der selbst mit intensivem Schrubben nicht mehr verschwindet.

Richtige Lagerung eines SUP-Boards mit installierter Finne – kein Bodenkontakt

Unentdeckte Reviere

Verteilung der SUP-Spots

Beim Betrachten einer Karte, auf denen SUP-Spots verzeichnet sind, fällt auf, dass diese nicht gleichmäßig über das Land verteilt liegen. So tauchen etwa im Norden Deutschlands viele verschiedene SUP-Spots auf, genauso wie in Mecklenburg und im Voralpenland. Wenige Einträge gibt es dagegen in der Mitte Deutschlands und im südwestlichen Bereich.

Logischerweise kann nur dort geSUPt werden, wo es Wasser gibt. In den Ballungsräumen, wie z. B. im Ruhrgebiet, wo sich über fünf Millionen Menschen eine Fläche von ca. 4400 Quadratkilometern teilen, gibt es nur wenige für SUPer interessante Gewässer. Dagegen gibt es in Mecklenburg-Vorpommern die gleichnamige Seenplatte, die mit über 6000 Quadratkilometern flächenmäßig um einiges größer ist als das Ruhrgebiet. In dieser Region leben weniger als 300 000 Menschen, die über 1000 Seen zu ihrem Umkreis zählen können. Mit anderen Worten: Es gibt in Deutschland noch viele unentdeckte Reviere, die sich zum Stand-up-Paddling eignen.

Den Überblick behalten

Oft bringt einem der Blick in eine gute Karte oder in die einschlägigen Internet-Maps einen schönen Überblick, wie die Gewässer sich im Lande verteilen und ob diese für eine SUP-Tour interessant sind.

In den unberührten und wenig besiedelten Regionen mit umfangreichen Wasserflächen ist die Infrastruktur natürlich weniger ausgebaut. Dies muss bei der Planung für eine SUP-Tour bedacht werden.

Einsame Wasserflächen laden zum entspannten und abenteuerlichen SUPen ein.

Da geht einem das Herz auf

Der Chiemsee

59

Das bayerische Meer! Eingebettet in eine traumhafte Landschaft mit grandiosem Blick über das Wasser auf die Bergkette liegt dieser große See im Chiemgauer Alpenvorland. Herreninsel und Fraueninsel, grundverschieden, laden zum Umrunden und Erkunden ein. Zum einen lohnen die alten Häuser, Kirchen und urigen Restaurants auf der Fraueninsel einen Besuch, zum anderen ist Schloss Herrenchiemsee allein schon einen Ausflug wert. Die unbewohnte Krautinsel mit ihren schönen Uferzonen und den glücklichsten Kühen Bayerns verlockt ebenfalls zum Bleiben. Der weite Blick zu den Alpen und die große Wasserfläche im Ostteil des Sees hinterlassen einen ehrfürchtigen Eindruck. Am Westufer liegen attraktive Badeplätze und mondäne Yachtclubs. Außerdem gilt es, den schön gelegenen Hafen von Prien zu entdecken.

Eckdaten: Fläche: 80 km², max. Tiefe: 73 m,
max. Ausdehnung: 13 km lang und 9 km breit

Routenvorschlag

Dauer: ca. 6 Std., **Länge:** ca. 23 km

Los geht es am Strandbad Schraml. Im Uhrzeigersinn links herum folgen wir dem Ufer, um an den Anlegern der Ausflugsschiffe am Priener Hafen vorbei (Vorsicht: Die Schiffe sind zügig unterwegs!), um die kleine Halbinsel mit der friedlichen Promenade herum und weiter am Erlebnisbad Prienavera entlangzufahren. An den Stegen des Segelclubs Prien SUPen wir längs und geradeaus in den schmalen Durchlass zur verschlafenen Schafwaschener Bucht. Wir halten uns links und kommen so an der Mündung der Prien und dem angrenzenden Strandbad Rimsting vorbei. Hat die Prien genügend Wasser, lohnt es sich, diese ein paar Meter zu beSUPen. Anschließend halten wir uns in einem weiten Bogen rechts, verlassen die ruhige Bucht, folgen dem Ufer zur Linken (Markierungen beachten, ganzjähriges Befahrungsverbot), fahren an den zwei kleinen Bootsstegen längs vorbei und kommen so in die Kalbacher Bucht. Die Bucht queren wir in einer lang gezogenen Rechtskurve mit dem Ziel »Strandbad Breitbrunn« – ein sehr schöner Pausenplatz mit Strand, Wiese und Restaurant. Wir verlassen die Bucht mit dem Ufer zur Linken und SUPen zum Fähranleger der Insel Herrenchiemsee (Achtung: Bei der Querung zur Insel die schnell fahrenden Ausflugsschiffe beachten!). Am Fähranleger, neben dem großen

Kleiner Kiesstrand am bayerischen Meer, ideal für eine Pause

Bootshaus, liegt ein kleiner, wenig besuchter Strand (Top-Pausenplatz, tolle Aussicht). Von dort bis zum Alten Schloss sind es zu Fuß ca. 500 Meter. Wieder im Wasser, folgen wir am Fähranleger vorbei dem Ufer zur Rechten ca. 500 Meter, halten uns dann links und fahren zur Krautinsel mit ihren winzig kleinen, vorgelagerten Inseln im Karibikflair. An der Krautinsel geht es im Uhrzeigersinn längs vorbei zur Fraueninsel, dort am Kloster Frauenchiemsee vorbei und geradewegs auf die winzige Insel Schalch zu. Gegenüber der Insel liegt das Restaurant »Fritzis Biergarten« mit eigener kleiner Bucht und Ministrand – eine sehr gute Möglichkeit zum Rasten. Die Insel umrunden wir komplett, ehe wir an der Krautinsel längs und zum Ufer der Herreninsel SUPen. Wir folgen dem gesamten Uferverlauf (4,5 km) bis zu der künstlichen Bucht, die einen märchenhaften Blick auf das Schloss Herrenchiemsee ermöglicht. Nun wechseln wir zum gegenüberliegenden Ufer (ca. 1,2 km über offenes Wasser!) und folgen diesem bis zum Startpunkt.

Zu beachten

Im südlichen und westlichen Teil der Herreninsel sowie im gesamten Bereich der Mündung der Tiroler Achen und im östlichen Teil der Schafwaschener Bucht herrscht ein ganzjähriges Befahrungsverbot der Uferzonen (Naturschutzgebiet). An den verschiedenen Anlegestellen und bei der Querung des Fahrwassers muss man unbedingt auf die Ausflugsboote achten! Plötzlich auftretende Gewitter sind am Chiemsee nicht selten. Unbedingt vor der Abfahrt die Wettervorhersage checken und das Sturmwarnsystem beachten! Um den gesamten See sind zwölf Sturmwarnleuchten installiert.

Wo ist hier der Ausgang?

Der Spreewald

60

Der Spreewald ist einer der besten SUP-Spots in Deutschland. Mit einer Ausdehnung von 475 Quadratkilometern gehört er zum Biosphärenreservat der UNESCO. Das Gebiet wird von einem Netz aus natürlichen und künstlichen Wasserläufen durchzogen, die sich über eine Gesamtlänge von mehr als 1500 Kilometer erstrecken. Durch die schmalen Fließe (Kanäle), vielen Kurven, Knicks und die vielfältige Landschaft sind Fahrten durch den Spreewald sehr abwechslungsreich. Durch die erhöhte Aussicht über die Ufer und Böschungen der Fließe beim SUPen, ist der Blick frei auf die gesamte Tier- und Pflanzenwelt. Hinzu kommt, dass es in den Fließen eine leichte Strömung gibt, die für klares Wasser sorgt und eine gute Sicht auf alles ermöglicht, was im Wasser und unter dem Board schwimmt. Die Strömung lässt sich gut beherrschen, sodass Fahrten immer in beiden Richtungen der Fließe möglich sind. Durch Bäume und Büsche sind die meisten Fließe sehr gut vor Wind geschützt, was ein Befahren bei (fast) jedem Wetter ermöglicht. Zum SUPen eignen sich mehrere Hundert Kilometer Fließe und Flussläufe im Spreewald.

Eckdaten: Gesamtfläche des Spreewaldes: 475 km²,
SUPbare Wasserläufe: über 500 km

Routenvorschlag

Dauer: ca. 6 Std., **Länge:** ca. 26 km

Der folgende Vorschlag ist einer von vielfältigen Möglichkeiten, den Spreewald mit dem SUP-Board zu erkunden. Los geht es vom Campingplatz Spreewaldfließen in Strömungsrichtung auf dem Südumfluter. Vor der zweiten Schleuse SUPen wir rechts in den Ostgraben und folgen diesem bis zur T-Kreuzung, biegen rechts ab, paddeln unter der Autobrücke hindurch und halten uns links. An der Gabelung geht es rechts weiter auf dem Ostgraben, am Campingplatz »Zelten am Ostgraben« längs, worauf wir uns rechts halten, zur Linken liegt das Gasthaus »Zum Erlkönig«. Geradeaus SUPen wir bis zum Gasthof Ochseneck (direkt hinter der Brücke), links liegt der »Kleine Spreewaldhafen«, an der Gabelung fahren wir nach links und auf dem Stillen Fließ bis zum Rohrkanal. Wir halten uns rechts, auf der rechten Seite liegt der »Hafen Waldschlösschen Schimmank« (mit Fußgängerbrücke). Geradeaus folgen wir dem Fließ Weidengraben bis zur T-Kreuzung, fahren links in das Große Flies, umtragen die Schleuse und kommen am »Ringhotel Waldhotel Eiche« vorbei.

An der Gabelung halten wir uns rechts und SUPen weiter, bis links eine schmale Durchfahrt in das Große Fließ erscheint. Wir fahren unter der schmalen Brücke hindurch, an der Gabelung links und am »Gasthaus Pohlenzschänke« vorbei. Den Leiper Graben befahren wir ein gutes Stück, biegen vor der Schleuse links in die Hauptspree (auf der Ecke liegt der »Spreewaldhof«) und paddeln weiter bis zur Kreuzung mit dem alten Ortsschild von Leipe. In Leipe gibt es mehrere Restaurants und Gaststätten für eine gemütliche Pause. Der Hauptspree folgend, SUPen wir am »Gasthaus Dubkow-Mühle« und der gleichnamigen Schleuse vorbei in den schmalen Bohrfließ, umtragen das Wehr, biegen rechts in den Ostgraben ein und fahren in den nächsten Fließ, den Kleinen Leineweber, links ein. An der SUP-Station geht es links entlang, die Schleusen umtragen wir, dann biegen wir in den Südumfluter links ein und SUPen weiter zu unserem Startpunkt.

Wichtig: Ohne eine genaue Karte ist eine Tour durch den Spreewald nicht zu empfehlen. Zum einen, weil die Gefahr des Verfahrens besteht, und zum anderen, weil die Highlights des Spreewaldes sonst verpasst werden könnten.

Zu beachten

Bei der Hin- oder Rückfahrt sollte man bedenken, dass die Strömungsgeschwindigkeit in manchen Fließen bei ca. 2 km/h liegt. Die Hauptfließrichtung ist von Südost nach Nordwest. Um die touristischen Orte (Leipe, Burg und Lübbenau) fahren einige breitere Kähne auf den Fließen, diese haben grundsätzlich Vorfahrt!

Die großen Kähne haben auf den Fließen immer Vorfahrt!

Fische, überall Fische

Der Schweriner See

61

Im südlichen Teil des Schweriner Sees gibt es neben dem beeindruckenden Schloss und der angrenzenden Altstadt von Schwerin klares Wasser, eine attraktive Inselwelt, ruhige Uferzonen und lauschige Buchten zu entdecken. Am Südufer befinden sich grüne Wälder und kleine Häfen für die Bootsclubs der Umgebung. Eine sehr gute Möglichkeit, einmal Sand zwischen den Füßen zu spüren, bietet der 500 Meter lange Zippendorfer Strand – der ideale Platz für eine ausgiebige Pause mit Snacks und Getränken.

Eckdaten: Fläche: 61 km², max. Tiefe: 52 m, max. Ausdehnung: 24 km lang und 6 km breit

Routenvorschlag
Dauer: ca. 4,5 Std., **Länge:** ca. 16 km

Vom neu angelegten Berta-Klingberg-Platz geht es ein paar Stufen hinunter zum Wasser des Burgsees. An der Schwimmenden Wiese vorbei fahren wir geradeaus auf das Schloss Schwerin zu und rechts unter der Brücke hindurch. Wir SUPen an der Schlossinsel und der friedlichen Liebesinsel entlang und gegenüber zu den Bootsstegen des Segelclubs Schlossbucht. Vor dem Segelclub liegt in einmaliger Lage und mit einem sensationellen Ausblick die Strandbar 19, die auch auf dem Rückweg ange-SUPt werden kann. Dem Ufer folgen wir bis zum nächsten Hafen, dem Schweriner Yachtclub, kommen an der Badeanstalt Kalkwerder vorbei und fahren weiter am Ufer entlang. Rechts sind einige Häuser mit Seeblick und schönen Gärten zu sehen und es gibt mehrere Möglichkeiten für eine bequeme Pause, einschließlich Parkbank. Hinter den Bäumen, kurz vor dem Bootsanleger, versteckt sich im Wald der Zoologische Garten von Schwerin. Am 500 Meter langen Sandstrand von Zippendorf gibt es die Chance auf eine Badepause, einen Snack und einen kurzen Bummel an repräsentativen Villen und Hotels des Ortes vorbei.

Nach dem Strand geht es an einer kleinen geschützten Bucht mit Badestelle längs um eine Landzunge mit kleinem Hafen herum und in die Mueßer Bucht, an deren Ende sich mehrere Bootsstege befinden. Die versteckte Badestelle Reppiner Burg taucht nach gut 900 Metern auf, ein guter Pausenplatz. Von dort aus geht es 500 Meter nach Norden zur gegenüberliegenden Insel Ziegelwerder. Nach weiteren 500 Metern Richtung Nord-

Wunderschöne Ausblicke vom Wasser auf das Schweriner Schloss und die Altstadt

west ist die Insel Kaninchenwerder erreicht. Hier gibt es ein einfaches Restaurant sowie die Optionen zu zelten, die Insel zu erkunden oder einfach am Strand zu relaxen. Eine schöne Badestelle befindet sich im nördlichen Teil der Insel am Westufer. Von Kaninchenwerder aus gibt es drei Wege zurück zum Ausgangspunkt. Man kann ca. 800 Meter Richtung Süden SUPen zur nächstgelegenen Landzunge oder Richtung Westen direkt zum Schweriner Yachtclub ca. zwei Kilometer über offenes Wasser fahren (was nur bei optimalen Wetter- und Windbedingungen und genügend SUP-Erfahrung zu empfehlen ist!). Die dritte Option: Man faltet sein ISUP zusammen und lässt sich mit den Ausflugsbooten der Weißen Flotte zurück nach Schwerin bringen. An der Schlossinsel angekommen, geht es gegen den Uhrzeigersinn um die Insel herum, an den Schiffsanlegern und dem Staatlichen Museum vorbei und unter der breiten Brücke hindurch zurück zum Startpunkt.

Zu beachten

Die An- und Ablegestelle der Ausflugsboote liegt ca. 900 Meter vom möglichen Start- und Zielpunkt Schwimmende Wiese entfernt. Beim Start- und Zielpunkt Zippendorf sind es ca. 400 Meter vom Parkplatz bis zum Anleger.

An schönen Tagen und am Wochenende herrscht in den Kanälen und Engstellen reger Schiffs- und Bootsverkehr, dadurch ist mit verstärkter Wellenbildung und kabbeligem Wasser zu rechnen.

Schnell aufkommender Wind ist am Schweriner See keine Seltenheit. Unbedingt mit Leash SUPen, Wettervorhersage prüfen und die Dimensionen des Sees bedenken.

Eldorado mit Ausblick

Der Staffelsee

62

Der Staffelsee ist der inselreichste See im Alpenvorland und besticht durch seine schöne Lage an den Ausläufern der Alpen und den herrlichen Blick auf das Zugspitzmassiv. Sieben Inseln verschiedenster Größe verteilen sich über den See. Jede unterscheidet sich von den anderen. Das Wasser ist leicht moorhaltig und hat eine sehr gute Qualität. Zu entdecken gibt es viele kleine Buchten, verschwiegene Ecken und einige Untiefen, über die entspannt geSUPt werden kann. Der See bietet viel Abwechslung zwischen Bebauung mit Gastronomie, Strandbädern und Campingplätzen sowie naturbelassenen Bereichen, einsamen Buchten, Naturschutzgebieten und ruhigen Plätzen. Deshalb ist der Staffelsee ein Highlight zum SUPen. Um den gesamten See führt ein Rundweg mit einer Länge von 22 Kilometern. Auf dem See verkehrt ein Ausflugsboot, welches immer Vorfahrt hat.

Eckdaten: Fläche: 7,66 km², max. Tiefe: 40 m,
max. Ausdehnung: 4,6 km lang und 3,8 km breit

Routenvorschlag

Dauer: ca. 4,5 Std., **Länge:** ca. 17 km

Wir starten vom Fähranleger Achele neben dem öffentlichen Stadtbad Murnau. Rechts herum fahren wir am Campingplatz Burg und der winzigen Jakobsinsel, auf der sich ein Kreuz befindet, vorbei. Weiter geht es am Fähranleger Seehausen und dem Restaurant Fischerstüberl (rechte Seite) entlang, an der Insel Buchau mit dem urigen Natur-Campingplatz längs (linke Seite) und an der kleinen Insel Gardeneiland vorbei. Am Ufer entlang SUPen wir über das flache und seichte Wasser mit vielen Fischen bis zur guten Pausenmöglichkeit am Seerestaurant Alpenblick. Dort bietet sich ein fantastischer Ausblick auf das Alpenpanorama. Weiter geht es Richtung Insel Mühlwörth (Privatbesitz, betreten verboten!), einmal um die Insel herum und zurück zum Ufer. Vorbei am Campingplatz Aichalehof auf der rechten Seite und an der Halbinsel Lindenbichl mit dem Jugendfreizeitgelände fahren wir quer über den See zur Insel Große Birke (privater Campingplatz). Die Insel umrunden wir gegen den Uhrzeigersinn und fahren dann an der Insel Kleine Birke mit ihrer schönen Unterwasserwelt und verschiedenen Untiefen entlang. Anschließend SUPen wir zur Insel Wörth, wo wir den kleinen »Fjord« entdecken, einen idyllischen Ort, der zum Relaxen einlädt. Am südlichen Ufer der Insel Wörth entlang geht es schließlich wieder zurück zu unserem Ausgangspunkt.

Zu beachten

Betretungsverbot auf den Inseln Mühlwörth (Privatbesitz, nördlichste Insel) und Große Birke (privater Campingplatz, westlichste Insel). Befahrungsverbot im südwestlichen Teil des Sees (Naturschutzgebiet).

Beschauliche Uferzonen laden zur entspannten Paddel-Pause ein.

Wie lange stehen sie schon?

Stand-up-Paddling früher und heute

63

Die moderne Geschichte des Stand-up-Paddlings begann Anfang der 2000er-Jahre. Wie viele andere Sportarten auch, kam das SUP aus den USA in die weite Welt. Verschiedene Geschichten rund um die Entwicklung des modernen SUPens machen seither die Runde.

Eine einfache Erklärung ist, dass das Surfen in kleinen Wellen mit Longboards und Paddel einfacher und bequemer funktionierte als das Anpaddeln im Liegen mithilfe der Hände und Arme. Eine andere Erzählung ist, dass die Surflehrer von Hawaii das Stand-up-Paddling entwickelt haben, um auf dem Wasser den Überblick über die Surfgruppen zu behalten und schnell zu ihren Schülern paddeln zu können. Laut einer anderen Darstellung geht das Stand-up-Paddling ursprünglich auf polynesische Fischer zurück, die sich in ihren Kanus stehend auf dem Meer fortbewegten. Am Entstehungsort des Wellenreitens auf Hawaii war das »Stehendpaddeln« der Sport des Königs. Nur wenige auserwählte Persönlichkeiten durften sich stehend auf dem Wasser fortbewegen.

Gut für die Fitness

Der sehr hohe Gesundheits- und Fitnessfaktor beim SUPen spielt eine große Rolle für die Verbreitung des Sports. Im Gegensatz zu vielen anderen Sportarten gilt das Stand-up-Paddling als ein ganzheitliches Körpertraining, mit der Möglichkeit die Tiefenmuskulatur bewusst zu trainieren. Durch das fortwährende »Balancehalten« und den gleichzeitigen Einsatz der Rumpf- und Armmuskulatur wird die gesamte Muskulatur angesprochen und gestärkt. Somit ist das SUPen gerade in der heutigen Zeit, in der vermehrt Rückenleiden und Gelenkprobleme auftreten, ein hervorragender Ausgleichssport.

Entwicklung für alle

Mit dem richtigen Material und einer guten Einführung lässt sich das Stand-up-Paddling bis ins hohe Alter optimal umsetzen. Dies ist ein weiterer Grund für die schnelle und flächendeckende Verbreitung des SUPs, da es rasch zu positiven Erfolgserlebnissen auf dem Wasser führt.

Das Erleben der Natur und das Spüren der Umwelt sind weitere Faktoren, die das Stand-up-Paddling zu einer besonderen Sportart machen. Die

Paddeln im Gleichklang in Richtung Sonnenuntergang

erhöhte Perspektive und die Einblicke in das Wasser unter den Füßen runden das Erlebnis Stand-up-Paddling ab.

Hinzu kommt, dass durch die Materialentwicklung in den letzten Jahren, vor allem im Bereich der Inflatable Stand Up Paddling Boards (ISUPs), der Sport für die breite Masse erschwinglich und leichter umsetzbar geworden ist.

Im Gegensatz zu den meisten Haushalten in Nordamerika sind der Platz an Lagerraum und die Transportmöglichkeiten in Europa beschränkt. Dies spricht für die Anschaffung eines ISUPs, da die Aufbewahrung und die Beförderung eines handlichen Board-Bags wesentlich einfacher ist als der Transport eines 4,30 Meter (14") langen Hardboards.

Wer ist der Schnellste?

Die SUP-Wettkämpfe, von kurz bis lang

64

Ziel fast aller Wettkämpfe ist es, schnellstmöglich eine bestimmte Strecke zurückzulegen. Als Wettkampfsport werden in Europa gemäß dem Race-Reglement der German Stand Up Paddle Association (GSUPA) vor allem die im Folgenden genannten Disziplinen unterschieden:

Sprint-Format
Streckenlänge 100 bis max. 1000 m, max. 3 Bojenturns
Beach-Race-Format
Streckenlänge 800 bis max. 3000 m, Zielsprint auf dem Strand
Longdistance-Format
Streckenlänge ab 8000 m
Wave
Die Punktevergabe erfolgt durch ein Schiedsgericht.

Innerhalb der Rennen, z. B. bei den Sprintrennen, paddeln nicht alle Teilnehmer gleichzeitig los, sondern es wird in kleinen Gruppen (Heats) gegeneinander gefahren. Die zwei oder drei Bestplatzierten kommen in die nächste Runde, bis die Finalegruppe feststeht, die um die Podestplätze paddelt.

Die unterschiedlichen Disziplinen werden auf verschiedenen Ebenen ausgetragen. So kann es einzelne Stadt- oder Bezirksmeisterschaften geben, verschiedene Landesmeisterschaften (je nach Bundesland) und am Ende eine nationale Meisterschaft. Nicht alle Rennarten werden bei kleineren Meisterschaften ausgetragen.

Innerhalb der jeweiligen Wettbewerbe kann es unterschiedliche Gruppeneinteilungen geben, die untereinander die Rennen austragen, z. B. Amateure, Profis, verschiedene Altersgruppen, Frauen, Männer, und Jugendliche. Hinzu kommt, dass es für jede Disziplin diverse Regelungen gibt, wie z. B. die Maximallängen und -breiten der SUP-Boards.

Internationale Rennen

Bei internationalen SUP-Wettbewerben gibt es Europa- und Weltmeisterschaften, die mit hohen Preisgeldern und Spitzenfahrern für ein großes Interesse sorgen. Preisgelder bis zu 20 000 Euro und großzügige

Sponsoren ermöglichen den Top-Paddlern eine Profikarriere. Allerdings gibt es weltweit nur eine Handvoll SUPer die von diesem Sport leben können.

Für die extremeren Ausdauer-Paddler gibt es Veranstaltungen, die über sehr lange Distanzen und mehrere Tage gehen. So gibt es in den Niederlanden die erfolgreiche 11-City-Tour, bei der es möglich ist, im Wettkampfmodus 220 Kilometer zu SUPen. Einer der längsten SUP-Wettbewerbe ist der in Kanada stattfindende Yukon River Quest. Gepaddelt wird über eine Distanz von 715 Kilometern, von Whitehorse nach Dawson City. 2019 lag die Gewinnerzeit bei unglaublichen 56 Stunden und 47 Minuten auf einem SUP-Board.

Bei vielen kleinen und großen SUP-Veranstaltungen gibt es häufig ein Rahmenprogramm, bei dem es oft möglich ist, SUP-Boards verschiedener Hersteller zu testen und sich ausführlich zum Thema SUP beraten zu lassen.

Race-Start bei Top-Bedingungen auf der Ostsee

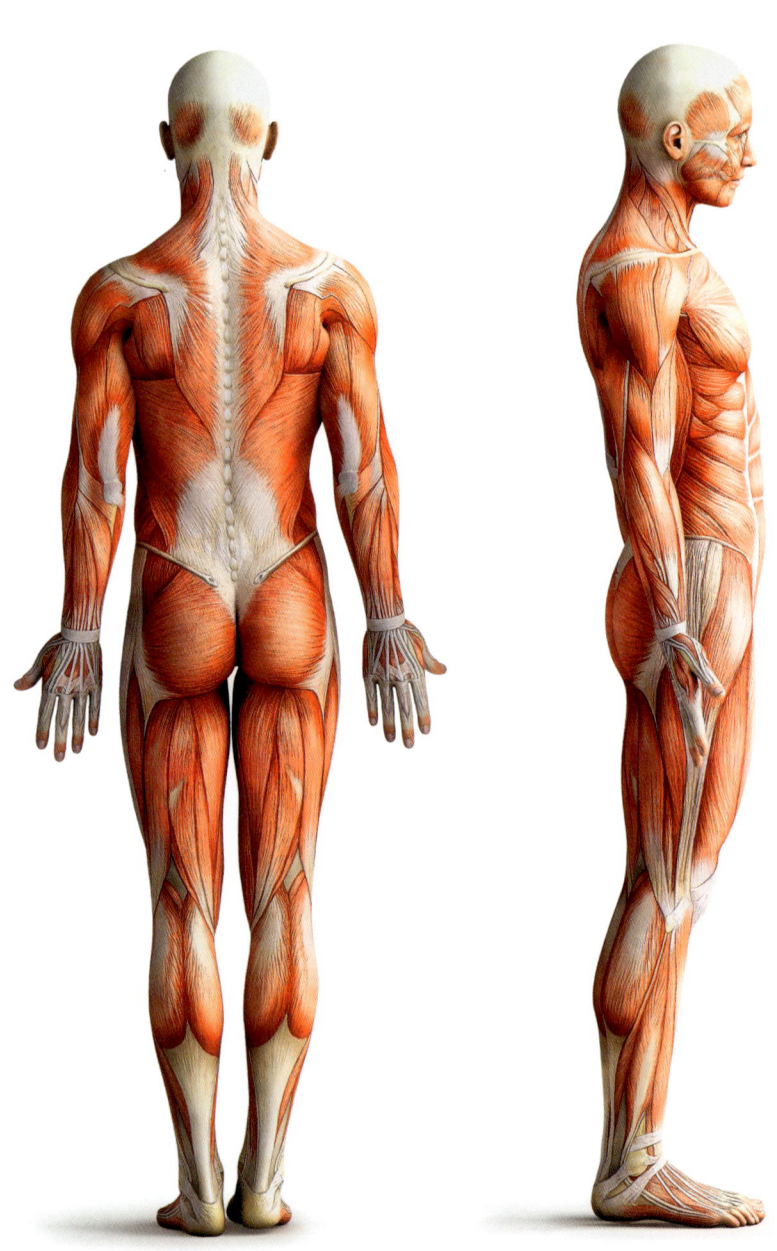

Aufbau und Verteilung der menschlichen Muskulatur

65

Im Vergleich

Die erste SUP-Studie

Der Hamburger Sportstudent Jan Rosenthal hat im Rahmen seiner Bachelorarbeit die kräftigende Wirkung von SUP für die Bauch- und Rückenmuskulatur mit einem speziellen Rumpfmuskeltraining verglichen. Insgesamt nahmen 21 Personen an der Untersuchung teil. Elf Teilnehmer gingen aufs Wasser zum Paddeln, zehn absolvierten im gleichen Zeitraum ein rumpfstabilisierendes Training im Fitnessstudio. Am Anfang der Studie wurden alle Probanden auf ihre Maximalkraft untersucht. Dabei wurde sowohl die isokinetische, das heißt die dynamische, als auch die statische Kraft der Rücken- und Bauchmuskulatur gemessen. Zu Beginn der Studie konnten keine signifikanten Unterschiede der Rumpfmuskulatur-Maximalkraft zwischen den beiden Gruppen festgestellt werden.

Nun mussten die 21 Probanden der beiden Gruppen ein achtwöchiges Training absolvieren. Die SUP-Teilnehmer gingen zweimal pro Woche jeweils 45 Minuten paddeln, die Kontrollgruppe absolvierte im gleichen Zeitrahmen ein rumpfstärkendes Muskeltraining.

Höherer Kraftzuwachs

Erneute Messungen am Ende der achtwöchigen Trainingsphase ergaben, dass bei allen Probanden eine Verbesserung und Stabilisierung der Rumpfmuskulatur stattgefunden hatte. Bei der SUP-Gruppe jedoch fiel die Anpassung, also der Kraftzuwachs, deutlich höher aus als bei den Fitnesssportlern, die nicht auf dem Wasser waren. »Interessant war, dass sowohl die geraden als auch die schrägen Bauchmuskeln bei manchen Probanden der SUP-Gruppe einen wesentlich stärkeren Kraftzuwachs zeigten als bei der Kontrollgruppe. Man kann sagen, dass beim Stand-up-Paddling diese Muskelgruppen quasi spielerisch trainiert und gestärkt werden«, so Jan Rosenthal zu den Ergebnissen.

Aktivierung der Tiefenmuskulatur

Neben dem Kraftzuwachs durch die Paddelschläge erfordert das kippelige Board eine Aktivierung und Mobilisierung der tieferen Muskelschichten, vergleichbar mit einem Wackelbrett oder dem Workout auf einer Vibrationsplatte. Somit kann durch regelmäßiges SUPen der Besuch im Fitnessstudio und das Nutzen der teuren und nicht gerade geräuscharmen Platten also komplett überflüssig werden.

Für den ganzen Körper

SUPen, das ganzheitliche Training

66

Stand-up-Paddling ist ein gelenkschonender Sport, da mit dem eigenen Körpergewicht trainiert wird. Die Paddelbewegungen sind für die Knochen und Gelenke kaum belastend, da die Bewegungsabläufe natürlich vonstattengehen. Dies ist mit ein Grund dafür, warum Stand-up-Paddling selbst im hohen Alter und bei der Physiotherapie gut funktioniert. Kreuzbandrisse, Rücken- oder Schulterleiden und Verspannungen können durch das Paddeln auf dem Board behandelt werden. Hinzu kommt, dass das SUPen an der frischen Luft stattfindet und so ebenfalls ein gutes Trainingsgefühl entsteht.

Ausdauertraining

SUP ist ebenfalls ein wunderbares Herz-Kreislauf-Training. Durch das SUPen werden die Ausdauerleistung erhöht, das Herz-Kreislaufsystem gestärkt und die Fettverbrennung angekurbelt. Im Vergleich zwischen lockerem Paddeln und leichtem Joggen werden in der gleichen Zeitdauer im Durchschnitt 25 Prozent mehr Kalorien beim SUPen verbraucht als beim Joggen. Allgemein macht einen das Stand-up-Paddling fitter und der Körper wird gesünder.

Muskelgruppen

Die folgenden Muskelgruppen werden schon allein durch das »normale« Paddeln trainiert:

- **Latissimus Dorsi** – der »große Rückenmuskel«, der für die V-Form eines Oberkörpers sorgt. Dieser Muskel wird wie an einer Rudermaschine bei jedem Paddelzug trainiert.
- **Pectoralis Major** – der »große Brustmuskel«, der für eine breite Brust sorgt. Dieser Muskel wird wie beim Bankdrücken durch das »Pushen« beim Paddelschlag beansprucht, da hier eine gesamte Oberkörperbewegung stattfinden sollte.
- **Deltoideus** – der »Deltamuskel« über dem Schultergelenk. Dieser Muskel wird wie beim Schulterheben mit Hanteln, indem die Arme nach vorne, zur Seite oder nach hinten bewegt werden, trainiert.
- **Triceps Brachii** – der »Trizeps« auf der Rückseite des Oberarms. Dieser Muskel wird ähnlich trainiert wie beim Trizepsdrücken, indem man sich mit dem Paddel vom Wasser abdrückt.

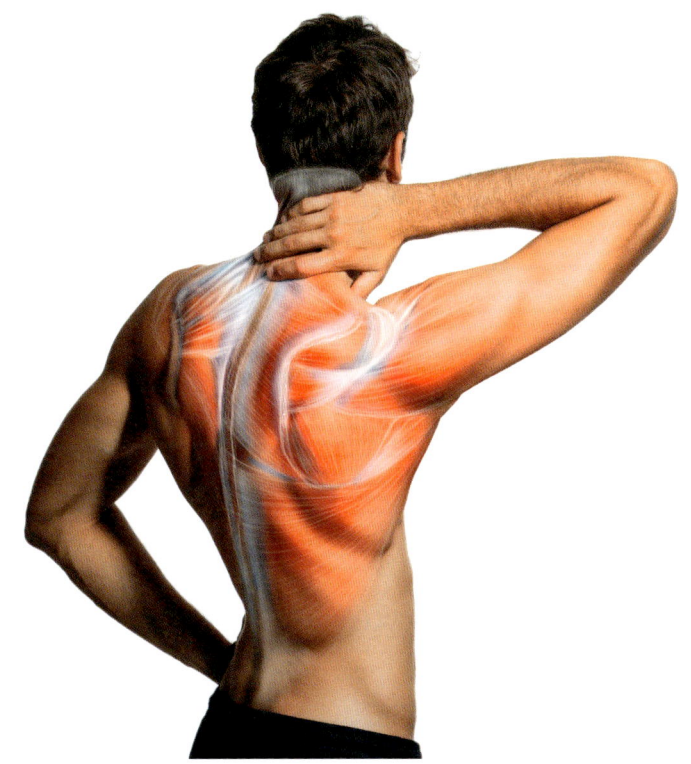

Die Rücken- und Schultermuskulatur wird beim SUPen gestärkt.

- **Quadrizeps** – der Oberschenkelmuskel wird stark beansprucht, da unmittelbar vor dem Eintauchen des Paddels immer wieder leicht in die Hocke gegangen werden muss, bzw. der Paddelschlag nicht mit durchgedrückten Knien erfolgt.

Ein SUP-Training ist also ideal, wenn Muskulatur aufgebaut und die Fitness verbessert werden soll, ohne den Körper mit einem harten Workout zu sehr zu belasten.

Corran Addison (Inhaber und Shaper von Imagine Surf, Ex-Olympiateilnehmer im Sprintkajak) sagt zum Stand-up-Paddling:
»Nach einer SUP-Trainingseinheit hat man den Körper so trainiert, wie es mit einem Kajak unmöglich ist. Deshalb müssen Kajaker andere Übungen machen, um ihren Rücken zu stärken. Zudem sitzt man beim SUP nicht in dieser gebückten Haltung, die vielen Kajakern zu schaffen macht.«

Selbst das größte oder längste SUP-Board hilft bei körperlichen Einschränkungen nicht ...

Lass es lieber sein

67

Wann es besser ist, zu verzichten

Nicht für jeden ist Stand-up-Paddling geeignet! Im Vordergrund, wie bei jeder ausgeübten Sportart und bei jeder Freizeitaktivität, sollten der Spaß und ein gutes Gefühl stehen. Das gute Gefühl tritt vielleicht erst am Ende der Aktivität auf. Allerdings sollte es groß genug sein, einen wieder zu seinem Sport und zu seinem Hobby zu führen. Neben mangelhaften Kenntnissen, wie ein SUP-Board bei verschiedenen Bedingungen angepackt wird, gibt es körperliche Gründe, die gegen die Freude am SUPen sprechen.

Gleichgewicht und Übergewicht

Eine unangenehme Einschränkung sind Gleichgewichtsstörungen, die verschiedene Ursachen haben können, z. B. Probleme mit den Ohren oder Sehschwächen. Durch den Mangel am nötigen Gleichgewicht kann das Stehen auf einem wackeligen SUP-Board sehr unangenehm sein. Ein zu großes Körpervolumen bei zu geringer Größe kann einem ebenfalls das SUPen vergraulen. Zum einen ist es schwieriger, auf dem Board zu stehen, weil ein zu hoher Schwerpunkt viele Boards unfahrbar macht. Zum anderen ist es für sehr übergewichtige Menschen nicht möglich, aus tiefem Wasser ohne Hilfe wieder auf das Board zu kommen, wenn es zum Fall kam. In diesen beiden Fällen kann es also ratsam sein, auf das SUPen zu verzichten, auch wenn der Wille noch so stark ist.

Gegen das fehlende Wissen und Können lässt sich etwas machen: lernen und üben! Gegen körperliche Beschwerden lässt sich trotz moderner Medizin manchmal wenig machen. Für viele Standard-Probleme, die die meisten Menschen plagen, wie Rücken-, Hüft- oder Knie-Probleme, kann Stand-up-Paddling sogar hilfreich sein. Natürlich gilt hier immer: Bei körperlichen Beschwerden den entsprechenden Arzt um Rat fragen.

Jeder braucht mal eine Pause.

Der Baum auf dem Board

SUP-Yoga, entspannt und trainiert

68

Yogaübungen wirken auf dem Wasser intensiver als auf festem Untergrund. Bei SUP-Yoga wird das Board zur schwimmenden Yogamatte, denn durch die äußere Instabilität wird automatisch die innere Balance gestärkt und die Yogaübungen wirken intensiver. Konzentration, Koordination und Atmung spielen dabei eine zentrale Rolle. Bewegungsrhythmus, Kraft und Entspannung fließen harmonisch ineinander.

Harmonisches Zusammenspiel

Um Yoga auf dem SUP-Board auszuüben, muss man weder besonders sportlich noch gelenkig sein. Vielmehr sollte sich jeder im Rahmen seiner Möglichkeiten bewegen, seine Grenzen erspüren und sich wohlfühlen. Das Zusammenspiel von Kraft, Balance und fließender Leichtigkeit ist ein gutes Erlebnis.

Die harmonische Verbindung von beruhigendem Wasser und fließenden Asanas (Yogastellungen) auf dem SUP-Board, machen SUP-Yoga zu dem optimalen Workout während der wärmeren Jahreszeiten. Die stärkenden, dehnenden und entspannenden Asanas wirken sich in Kombination mit der Sonne, dem Wasser und dem Umfeld positiv auf die Gesundheit und die Fitness des Körpers aus.

Gut geeignet sind für Einsteiger alle Yogaübungen, bei denen ein stabiler Stand (oder Sitz) dazugehört, z. B. der *Herabschauende Hund*, die *Stellung des Kindes* und das *Kamel*. Der *Sonnengruß* und die *Kobra* passen ebenfalls wunderbar zum Wasser und auf das SUP-Board. Der *Baum* kann dagegen auf einem SUP-Board eine größere Herausforderung sein. Im Prinzip sind der Kreativität auf dem Wasser aber keine Grenzen gesetzt.

Grundsätzlich können alle Fitnessübungen, die an Land auf einer Matte durchgeführt werden, ebenso gut auf einem breiten SUP-Board trainiert werden. Inzwischen gibt es auf dem Markt spezielle SUP-Yoga-Boards.

Spagat geht!

Yoga auf dem SUP-Board – eine entspannte Sache, die alle Sinne fordert und fördert

In der Gruppe macht das SUPen mehr Spaß und der Lernfaktor ist sehr hoch.

Nicht allein

69

SUPen in der Gruppe

Vieles macht zu zweit oder zu mehreren mehr Spaß. Beim Stand-up-Paddling ist es genauso. Eine entspannte Runde auf dem Wasser, gute Bedingungen und während des Paddelns nett mit seinen MitSUPern plaudern – was will man mehr. Damit es entspannt bleibt, muss für alle Paddler die Anstrengung auf gleichem Niveau sein. Ähnlich wie beim Joggen sollten die Geschwindigkeit und die Schlagfrequenz so gewählt sein, dass ein Unterhalten möglich ist, ohne dass einer der Paddler außer Atem kommt.

Gut abgesprochen

Beim SUPen in einer Gruppe kann dies schwierig werden, da die Leistungsniveaus vermutlich unterschiedlich sind. Zu den Unterschieden tragen ebenfalls die verschiedenen Board-Typen bei, die innerhalb der Gruppe genutzt werden. Natürlich ist der SUPer mit dem Race-Board schneller als der Paddler auf dem Allrounder, selbst bei gleicher körperlicher und technischer Fitness. Deshalb ist es im Vorfeld wichtig, dass innerhalb der Gruppe abgesprochen wird, wohin, wie lange und wie schnell gepaddelt werden soll. Damit alle Beteiligten eine gute Zeit auf dem Wasser haben.

SUPen mehr als eine Person auf einem Board, so gibt es noch weitere Punkte zu bedenken. Beim SUPen zu zweit auf einem Tandem-Board ist es sehr wichtig, dass es Absprachen gibt. Sonst kann ein Wendemanöver oder »einfaches« Geradeausfahren zu schweren Meinungsverschiedenheiten führen. So manche Beziehung hat ihr Ende in der Erfahrung gefunden, dass die Richtungswahl nur einstimmig funktioniert.

Ideale Bedingungen

Ich will mitkommen!

SUPen mit Kindern

70

Für Kinder ist Stand-up-Paddling ein Highlight und trägt dazu bei, dass sie sich bewegen und in der freien Natur sind. Ihre körperliche Fitness und ihr Gleichgewichtssinn werden dabei spielerisch trainiert. SUPen mit Kleinkindern läuft auf ein »Mit-SUPen« hinaus, da die Kleinen natürlich noch nicht in der Lage sind, aktiv am Paddeln teilzunehmen. Deshalb gilt, dass Kinder auf dem SUP-Board immer eine Rettungsweste tragen müssen. Schwimmflügel oder Ähnliches sind in keinem Fall ausreichend, um vor dem Ertrinken zu schützen.

SUPen mit Kleinkindern

Am Anfang, bevor es auf das Wasser geht, muss das Kind Vertrauen aufbauen und verstehen, was gleich passieren wird. Deshalb ist ein langsames und ruhiges Heranführen an das Board, das Wasser und die Möglichkeit, dass es vielleicht zu einem unfreiwilligen Badestopp kommen kann, wichtig.

Für den Erwachsenen bedeutet dies, langsam zu starten und sich erst einmal mit der neuen Situation vertraut zu machen. Das Board wird merklich kippeliger sein, auch wenn der Knirps, der auf dem Board sitzt, nur zehn Kilogramm auf die Waage bringt. Neu und ungewohnt wird ebenfalls die Paddelführung sein. Da das Kind am besten in der Mitte des Boards, kurz vor der Griffmöglichkeit sitzen sollte, muss der Paddelseitenwechsel neu erlernt werden. Dann gilt es vor dem Start noch die üblichen Rahmenbedingungen zu prüfen. Wetter- und Wellenlage, Sonnenschutz für das Kind, Kopfbedeckung usw.

Kinder, die selbst paddeln

Kindergarten- oder Schulkinder sind körperlich oft schon in der Lage, selbstständig zu SUPen. Hier gilt Folgendes: Eine kurze Einweisung, wie das SUPen funktioniert, ist wichtig, damit es nicht zu Enttäuschungen und Missverständnissen kommt. Sollten mehrere Kinder gleichzeitig auf dem Wasser sein, können ein paar Hinweise im gegenseitigen Umgang mit dem Paddel und dem Board ebenfalls nicht schaden. Ansonsten kann es schnell zu Chaos und Verletzungen kommen. Deshalb macht man besser ein paar klare Ansagen am Anfang, als später längere Diskussionen zu führen.

Lässig geht es auf das Meer hinaus, mit Schwimmwesten und Leash.

Gleich am Anfang sollte die Leash angebracht werden, weil Kinder in Action schon mal vergessen, dass das Brett abtreiben kann. Dies ist besonders wichtig, wenn eine längere Runde geSUPt wird oder ein größeres Gewässer überquert werden soll.

Kinder, die selbstständig auf einem Board paddeln, sollten kurze und schmale Boards nutzen. Zum einen können sie diese besser drehen und zum anderen können sie das Paddel besser durch das Wasser führen. Außerdem müssen diese Boards nicht 6" (15 cm) dick sein. Es reichen dünnere Boards, die besser auf dem Wasser liegen, da viel Auftrieb (Volumen) bei Kindern nicht nötig ist und das Steuern des Boards nur unnötig erschwert.

Das Paddel sollte nicht schwer sein und ein kleines Paddelblatt besitzen, damit es leichter zu führen ist und nicht zu schnell die Arme ermüden lässt. Hilfreich kann ebenfalls eine kleinere Finne sein, die durch einen verringerten Wasserwiderstand das Lenken des Boards vereinfacht.

Das Tier auf dem Board

Paddeln mit Hund und Co

71

Wenn der Mensch SUPen möchte, möchte vielleicht der beste Freund des Menschen ebenfalls mit auf das Board. Das Allerwichtigste ist, dass der Vierbeiner nicht zu seinem SUP-Erlebnis gezwungen wird. Alle Beteiligten sollen eine gute Zeit auf dem Wasser haben. Deshalb sollte man sich vorab einige Fragen stellen: Ist der Hund überhaupt fit? Mag er generell Wasser? Und kann er schwimmen? Lautet die Antwort dreimal Ja, steht dem Vergnügen nicht mehr viel im Wege und es kann fast schon losgehen.

Die Frage, die sich Frauchen und Herrchen stellen müssen, lautet: Bin ich paddeltechnisch und körperlich fit, um mit meinem Vierbeiner SUPen zu gehen? Sprich, reicht meine Erfahrung aus, den Hund mit auf das Board zu nehmen? Dies ist umso wichtiger, je größer und schwerer die Fellnase ist.

Das A und O, wenn man mit seinem Hund aufs Wasser möchte, ist Geduld. Dies beginnt damit, dass der Hund im ersten Schritt erst einmal das Board auf dem Trockenen kennenlernen sollte. So kann er alles erschnuppern, über das Board laufen und es sich vielleicht schon mal auf dem Deckpad gemütlich machen. Der nächste Schritt beginnt im knietiefen Wasser, sodass der Hund die Möglichkeit hat sich an die unruhigen und wackeligen Bewegungen des Boards zu gewöhnen.

Tierische Schwimmweste

Bevor es in das tiefere Wasser geht und die erste Runde mit Hund plus SUP-Board ansteht, sollte dem Vierbeiner eine entsprechende Hundeschwimmweste angelegt werden. Diese dient in erster Linie nicht dazu, den Hund vor dem Ertrinken zu retten, sondern mittels einer Griffschlaufe an der Weste den nassen Hund im tiefen Wasser wieder auf das Board zu hieven.

Die Gefahr, dass durch die Krallen des Vierbeiners das ISUP ein Loch bekommt und zu sinken droht, kann man ausschließen. Die neueren SUP-Boards müssen dieser Belastung standhalten. Allerdings kann es bei manchen Boards mit einem weichen EVA-Deckpad zu Abdrücken der Krallen im Pad kommen. Inzwischen gibt es SUP-Bords, die speziell für das SUPen mit Hund konstruiert wurden. Bei diesen Brettern ist das Deckpad verlängert und das Gepäcknetz versetzt, sodass der Hund einen besseren Stand auf dem Board hat.

Ausreichend Platz

Grundsätzlich gilt, je höher das Gewicht und je größer der Hund, desto breiter sollte das Board sein. Der Hund sollte sich gut drehen und eine bequeme Position auf dem Brett einnehmen können, ohne vom Board zu rutschen.

Inzwischen gibt es einige SUP-Schulen, die Kurse speziell für das SUPen mit Hund anbieten. Dabei wird einem Schritt für Schritt erklärt und gezeigt, worauf es ankommt und was zu beachten ist. Der jeweilige SUP-Instruktor ist im Idealfall ebenfalls ausgebildeter Hundetrainer.

Voll ausgerüstet geht es konzentriert zum gemeinschaftlichen SUPen auf das Wasser.

Lass uns spielen

Erweitertes SUPen

72

Ein gutes Training ist das Spiel mit dem Board. Nicht nur bei Kindern, die sich spielerisch mit dem SUPen beschäftigen, sondern ebenso bei Erwachsenen hilft das Spielen und Experimentieren, um ein besseres Board-Gefühl zu bekommen. Das Austesten der Grenzen bringt mehr Vertrauen in die eigenen Fähigkeiten und kann einem bewusst machen, welches Potenzial das SUP-Board hat.

Ein schöner Nebeneffekt ist, dass die körperliche Fitness gefordert wird und durch die spielerische Ablenkung die Anstrengung weniger zum Bewusstsein kommt.

Ein paar Beispiele

Bojen umrunden
Auf einem SUP-Board stehend werden eine oder mehrere Bojen umfahren.

Liegendes Board-Rennen
Der Kandidat liegt auf dem Board und muss eine Strecke nur mit den Händen paddelnd zurücklegen.

Bojen-Slalomrennen
Unterwegs sind mehrere Bojen im Slalom zu durchfahren.

Personentransport
Man sitzt oder steht zu zweit auf einem Board, es wird jedoch nur ein Paddel genutzt.

Fischerstechen
Zwei Paddler stehen sich auf zwei SUP-Boards gegenüber und versuchen mit einer gepolsterten Stange oder einem gepolsterten Paddel den Gegner aus dem Gleichgewicht zu bringen.

SUP-Seilspringen
Auch Seilspringen kann man auf einem SUP Board.

SUP-Hindernisparcours
Eine Kombination an Aufgaben, die mit einem SUP-Board durchfahren und überwunden werden müssen.

Ponton
Mehrere Boards werden miteinander verbunden und dienen als schwimmende Pontonbrücke. Die Boards müssen dann in einer bestimmten Reihenfolge überquert werden.

Das Spiel mit den Boards trainiert das Gleichgewicht und macht Spaß.

Staffeln

Man transportiert verschiedene Dinge, z. B. drei größere oder mehrere kleine Bälle, auf einem Board von A nach B.

Der Zug

Mehrere SUP-Boards bilden eine Schlange, indem durch Gewichtsverlagerung die Board-Spitze beim Vordermann auf das Heck abgelegt wird.

Natürlich können alle Spiele noch gesteigert werden, indem sie in einer bestimmten Zeit oder im Wettkampfmodus gespielt werden. Desgleichen können verschiedene Spiele miteinander kombiniert werden, so kann z. B. die Staffel durch einen Hindernisparcours verlaufen.

Wichtig ist, dass alle Aktionen nur zum Spaß gespielt werden sollten und immer die Sicherheit aller Teilnehmer im Vordergrund steht.

Da geht noch was

Übungen zum Verbessern des Gleichgewichts

73

Um sich alleine, ohne Hilfe von außen und bei guten Bedingungen auf dem SUP ein wenig zu fordern, gibt es ein paar einfache Übungen. Gut ist es, wenn das Wasser ruhig ist, wenig Wind weht und es drumherum leise ist. Da die Übungen viel mit Konzentration zu tun haben, kann jegliche Ablenkung zum Badespaß führen.

Eine erste Übung ist, die Füße enger zusammenzustellen. Dabei verlässt man in mehreren Schritten die normale, schulterbreite oder gewohnte Fußstellung und stellt die Füße dicht zusammen. Dies kann in verschiedenen Stufen geschehen, bis sich die Fußknöchel berühren. Um die Übung zu steigern, können diverse bekannte Paddelschläge ausgeführt werden.

Paddeln auf einem Bein

Als nächste und anspruchsvolle Übung kann versucht werden, das gesamte Körpergewicht auf einen Fuß zu konzentrieren. Dies sollte langsam geschehen, wobei das Paddel am Anfang als Stütze dienen kann.

Manche Übung endet mit einem eleganten »Platscher« ins kühle Nass.

Die Krönung dieser Übung ist es, das Board auf einem Bein von der Stelle zu bewegen.

Eine Übung, die sicherlich sehr ungewohnt ist und ein bisschen Überwindung kostet, ist das SUPen mit geschlossenen Augen. Dafür ist ein ruhiger Bereich auf dem Wasser erforderlich, ohne Hindernisse im näheren Umkreis. Am Anfang ist es ratsam, die Übung aus der gewohnten Paddelhaltung zu starten und vielleicht später zu steigern.

Eine weitere Möglichkeit des Trainings kann das Drehen auf dem Board sein, z. B. erst um 90 Grad (die Zehen zeigen in Richtung Rail), dann weiter auf 180 Grad (mit dem Rücken in Richtung Board-Spitze).

Über das Board zu laufen, um entsprechend weiter vorne oder hinten auf dem Brett zu stehen, ist ebenfalls ein guter Gleichgewichtstest.

Üben und aufpassen

Bei allen Übungen ist es von Vorteil, wenn unter dem Board eine ausreichende Wassertiefe herrscht, damit im Falle eines Falles keine Verletzungsgefahr besteht.

Generell ratsam ist es, immer mal wieder zwischendurch konzentriert verschiedene Paddeltechniken bewusst durchzuführen, um diese zu festigen. Gute Übungen für das Trainieren des Gleichgewichts sind auch Yoga- und Fitnessübungen, die ansonsten auf einer Matte an Land durchgeführt werden.

Polo ohne Pferd

Teamsport auf und im Wasser

74

SUP-Polo vereint Elemente des SUP- und Kanusports mit den Grundregeln des Polos: Zwei Mannschaften versuchen einen Ball ins gegnerische Tor zu befördern. Die Spieler stehen dabei mit einem Paddel ausgerüstet auf ihren SUP-Boards. Das Paddel dient in diesem Fall nicht nur der Fortbewegung. Es kann, genauso wie die Hände, dazu genutzt werden, Tore zu erzielen.

Zwei niedrige aufblasbare Tore werden an den Beckenrändern aufgestellt (ungefähre Größe 3 m mal 1 m).

Die Spielfeldgröße beträgt ca. 25 mal 8 Meter und wird von aufblasbaren Tubes (Schläuchen) umrandet. Die effektive Spielzeit beträgt zweimal zehn Minuten. Die Uhr läuft, wenn der Ball im Spiel ist und wird bei einem Aus oder Foul angehalten. Bei manchen Regelverstößen gibt es auch einen Penalty für die gegnerische Mannschaft. Frei- und Einwürfe werden ansonsten von der Mittellinie ausgeführt. Da SUP-Polo eine noch junge Sportart ist, wird das Regelwerk sich zukünftig wohl noch ändern und erweitert werden. In erster Linie soll das Spiel Spaß machen und die Menschen zum SUPen animieren.

Ein paar einfache Regeln

• Der Ball wird nur stehend auf dem Brett mit dem Paddelblatt oder mit der Hand gespielt. Er darf maximal fünf Sekunden auf dem Paddel oder in der Hand gehalten werden. Bei einem Verstoß gibt es Einwurf für die andere Mannschaft.

• Der Ball darf nur mit der Hand oder dem Paddel geworfen werden. Der Transport auf dem Brett wird mit einem Penalty bestraft.

• Beim Verlassen des Bretts muss der jeweilige Spieler einmal zurück zur Grundlinie seiner Mannschaft, bevor er wieder ins Spiel eingreifen darf.

• Sobald ein anderer Spieler gefährdet wird, indem das Paddel über Hüfthöhe gehalten wird, gibt es einen Freiwurf oder einen Penalty.

• Grobes Spiel und absichtliches Vom-Brett-Stoßen wird mit einem Freiwurf für die gegnerische Mannschaft geahndet.

• Das Tor darf vom letzten Spieler mit dem Paddel verteidigt werden.

Inzwischen gibt es spezielle SUP-Boards auf dem Markt, die ein Twin-Tip-Shape besitzen, damit das Board gleichmäßig in beide Richtungen zu fahren ist. Um möglichst standfest auf dem ISUP zu stehen, wurde das Board verbreitert, damit das Risiko des Umkippens minimiert wird.

Das passende Paddel hat ein gewölbtes Paddelblatt, mit dem der Ball besser aufgenommen werden kann. Hinzu kommt, dass das Paddelblatt mit einem Loch versehen ist, damit das Wasser einfacher ablaufen kann.

Da dieser Sport gut bei den Zuschauern ankommt und ein hohes Spaß-potenzial mit sich bringt, gibt es inzwischen kleinere Meisterschaften im SUP-Polo.

Alternativen

Wer es lieber einfacher mag, keine Spielfeldbegrenzung und kein spe-zielles Equipment braucht, kann SUP-Polo anstatt mit einem Ball mit zwei alten Socken und zwei Schwämmen spielen. Dazu wird in jede Socke ein handelsüblicher kleiner Schwamm gestopft und die offenen Sockenenden werden miteinander verknotet. Im Wasser saugen sich die Schwämme voll und mithilfe eines normalen Paddels lässt sich so der »Ball« aus dem Wasser fischen und in Richtung Tor schleudern oder werfen.

Anstatt Ball oder Socken funktioniert das Spiel ebenso mit einer Frisbee-Scheibe. Diese sollte allerdings schwimmfähig sein.

SUP-Polo ist besonders an sonnigen Tagen ein cooler Spaß, auch für die Zuschauer.

Die große Weite

SUPen auf dem Meer

75

Es ist sehr zu empfehlen, die ersten SUP-Versuche auf dem offenen Meer unter fachkundiger Anleitung durchzuführen. Aufgrund von Wind, Strömungen, Wellen und der Gezeiten ist das Paddeln im Meer etwas ganz anderes als auf einem See oder ähnlichem Flachwasser. Mehr als bei jedem anderen SUP-Ausflug gilt es beim SUPen auf dem Meer auf eine gute Vorbereitung zu achten.

Das falsche Einschätzen der Wetterbedingungen oder die Unwissenheit über die vorhandenen Strömungsverhältnisse können einen schnell in eine lebensbedrohliche Situation bringen. Die Bedingungen durch Dünung, also lang gezogene, gleichmäßige Wellen, und kabbeliges Wasser in Küstennähe sind eine völlig neue Herausforderung und bringen selbst erfahrene SUPer an ihre Grenzen.

Wer normalerweise auf den heimischen Seen ein 14er x 28' Touring-ISUP paddelt, wird auf dem offenen Meer das Gefühl haben, er beginnt gerade erst mit dem SUPen. Die Wahl des SUP-Boards auf dem Meer verlangt nach größeren Reserven.

Was bei der Planung zu bedenken ist

Wie verhält es sich vor Ort und auf der geplanten Strecke mit den Gezeiten? Wie hoch ist der Tidenhub und wie stark können die Strömungen sein? Gezeitenströmungen können eine höhere Geschwindigkeit erreichen, als die meisten SUPer paddeln können.

Wind spielt auf dem offenen Meer ebenfalls eine große Rolle und kann einen in Schwierigkeiten bringen, wenn er aus der falschen Richtung kommt und stärker ist als erwartet. Besonders bei ablandigem Wind besteht die Gefahr, auf das offene Meer abgetrieben zu werden. Ein Umstand, der an einsamen Küsten und ab einiger Entfernung vom Ufer absolut lebensbedrohlich ist!

Beim SUP-Board bleiben

Egal in welcher Gefahrensituation, es ist sehr wichtig, immer beim Board zu bleiben. Das Brett bewahrt einen vor dem Ertrinken und ist in einer Rettungssituation besser zu sehen als ein einzelner Schwimmer auf dem Ozean. Deshalb sollte man diese Regel für alle Zeiten verinnerlicht haben: nie das Board verlassen!

Besondere SUP-Erlebnisse gibt es auf dem Meer mit einem weiten Blick bis zum Horizont.

An manchen Küsten gibt es Schifffahrtslinien, die dicht an der Küste verlaufen. Diese Routen dürfen nur unter größter Vorsicht gekreuzt werden und zu keiner Zeit darf es zu einer Behinderung des Schiffsverkehrs kommen.

SUP-Surfing

Wer gerne das SUP-Surfing, also das Wellenreiten mit dem SUP-Board, ausprobieren möchte, braucht eine entsprechende Unterstützung oder Schulung. Es sollte geklärt werden, was für ein SUP-Board infrage kommt, wie man durch das Weißwasser (gebrochene Welle) kommt, ob eine Leash ratsam ist, was für ein Paddel man braucht, was passiert, wenn sich das Board zwischen dem SUPer und der anrollenden Welle befindet, und wo man überhaupt SUP-Surfen kann.

Um keine Verletzungen davonzutragen und andere nicht zu gefährden, ist deshalb mehr als nur gute Vorbereitung erforderlich.

Ohne Erfahrung ist der Ritt auf den Wellen und beim Downwinden ein nasses Vergnügen.

Ab geht die Post

76

Der Downwinder

Das ist nichts für schwache Nerven und nichts für den SUP-Einsteiger. Downwind-SUPen bedeutet nichts anderes, als mit starkem Rückenwind schnell eine Strecke von A nach B zurückzulegen. Durch den kräftigen Wind, der einen ordentlich anschieben kann, können ungewohnte Geschwindigkeiten erreicht werden. Hinzu kommt, dass sich durch den Wind Wellen aufbauen, die beim Fahren ebenfalls die Geschwindigkeit und den Spaß steigern. Vorzugsweise wird auf dem offenen Meer Downwind-SUPen betrieben, da dort die besten Bedingungen herrschen. Allerdings lässt sich, in abgeschwächter Form, das Downwinden ebenfalls auf größeren Seen bewerkstelligen.

Ein paar grundlegende Regeln

Unabdingbar ist es, nie alleine zu SUPen, Leash und Schwimmhilfe zu tragen, den Zielpunkt klar zu definieren, niemals ohne Back-up bei Starkwind auf das offene Meer hinauszufahren und einer dritten Person an Land die Info über die geplante Route zu hinterlassen. Ansonsten kann ein Downwinder schnell in einem Desaster enden.

Hilfreich für ein gutes Erlebnis sind gute Paddelkenntnisse und ein entsprechendes Board. Auf dem Markt gibt es inzwischen Bretter, die speziell für Downwind-Touren entwickelt wurden. Sie besitzen Längen bis zu 18 Fuß (5,50 m) und eventuell eine Steueranlage für die Finne, um besser die gewünschte Richtung halten zu können.

Bewusst sollte einem sein, dass eine Gruppe Paddler aufgrund der Geschwindigkeiten auseinandertreibt, dass ein »Ich fahr mal schnell zum Ufer« nicht so einfach ist, und dass die Rücktransportfrage im Vorfeld geklärt werden muss.

Solche Trips bedürfen einiger Vorbereitung und Planung, daher können diese selten spontan gestartet werden.

Schön die Nase hoch!

Die Transportfrage

Wie bekomme ich mein Board zum Wasser?

77

Wer sein SUP-Board nicht direkt an seinem Lieblings-SUP-Spot eingelagert hat, der wird sich automatisch die Frage stellen: »Wie bekomme ich mein Brett von hier nach dort?« Für alle Besitzer eines ISUPs ist die Beantwortung einfach. Luft raus, zusammenfalten, in das Board-Bag packen, auf den Rücken geschultert und los. Bei längeren Strecken funktioniert natürlich auch der Kofferraum des Wagens oder das Gepäckfach der Bahn.

Fixe oder flexible Lösung

Bei Hardboards oder stramm aufgeblasenen ISUPs ist die Beförderung von A nach B etwas aufwendiger. Beim Transport eines Boards auf dem Autodach gibt es generell zwei Möglichkeiten: einen fixen, fest verschraubten Dachträger oder flexible Transportgurte mit Polster. Die fixe Lösung eignet sich gut für längere Strecken und hochwertige Boards. Zusätzlich lassen sich auf den Querträgern verschiedene Schnellverschlusssysteme und Board-Sicherungen gegen Diebstahl anbringen. Das flexible System eignet sich in der Regel nur für kurze Strecken, allerdings ist es dafür preislich oft attraktiver.

Tragegurtsystem für die Schulter

Geht es darum, das Board bequemer zu tragen und nicht »einen langen Arm« zu bekommen, dann ist das Nutzen eines Transportgurtes angebracht. Dabei wird das Board jeweils im Bug- und Heckbereich mithilfe zweier Schlaufen und des Trageriemens für die Schulter verbunden. Für Hardboards gibt es in den meisten Fällen passende Board-Bags, die neben einer Griffschlaufe auch über einen Tragegurt verfügen. Allerdings muss dann am Wasser das große Board-Bag sicher gelagert werden.

Ist der Weg zum Wasser noch länger, bietet sich ein Trolley an. Der Trolley hat zwei Räder, in deren Mitte das Board aufgelegt und befestigt wird. So lässt sich das Brett samt Zubehör bequem zum Wasser schieben oder ziehen. Steht ein Fahrrad zur Verfügung, könnte das Board z. B. an der Sattelstütze befestigt werden und mühelos zum Wasser gefahren werden.

Wer sich ein Hardboard zulegt, sollte die Transportfrage (auf dem Autodach, per Fahrrad, zu Fuß etc.) vor dem Kauf berücksichtigen und sich möglicherweise im Fachhandel beraten lassen.

Einfache Dachträgerhalterung (LockRack®), besonders für hohe Autodächer gut geeignet

Tragegurt für die Schulter mit Paddelbefestigung zum einfachen Transport zu Fuß

Beauty-Tipps

Die Haltbarkeit meines Equipments verlängern

78

Ein erster Schritt zur Pflege des SUP-Boards ist das Entfernen von gröberem Schmutz nach jeder Benutzung. Durch kleine Steine, Sand, Blätter und Ähnliches kann das Board beim Lagern oder Transport leiden. So können sich z. B. Steinchen in die Kunststoffhaut oder das Deckpad drücken und an diesen Stellen das Material stark belasten. Zur groben Reinigung kann man das Board mit klarem Wasser abspülen und gegebenenfalls mit einer groben Bürste das Brett abschrubben.

Sollte das Board für einige Tage nicht genutzt werden und in ein Board-Bag oder eine andere Tasche verpackt werden, ist es sehr wichtig, dass das Board vor dem Einpacken absolut trocken ist. Schimmelflecken und die damit einhergehenden Gerüche sind nur sehr schwer oder gar nicht mehr zu entfernen. Der gleiche erste Reinigungsprozess sollte ebenfalls beim zugehörigen Equipment (Finne, Waterproof Bag usw.) angewendet werden. Beim Paddel, besonders bei mehrteiligen Ausführungen, sollten die Verschlussklemmen gereinigt und der Schaft des Paddels entleert werden.

Pflegemittel

Durch häufiges Aufpumpen und Zusammenrollen wird der Kunststoff des ISUPs natürlich belastet. Wer seinem Board etwas Gutes tun möchte, kann die Außenhaut des ISUPs mit einem Kunststoffpflegemittel zusätzlich reinigen und schützen. Aber Vorsicht: Sparsam verwenden und nicht das Deckpad, also die Standfläche, mit den Reinigern in Kontakt bringen. Ansonsten kommt es beim Fahren auf dem Board zu ungewollten Rutschpartien.

Durch Sonneneinstrahlung leiden die Materialien zusätzlich und die Farben werden zwangsläufig ausbleichen. Dies lässt sich natürlich nicht komplett verhindern. Allerdings ist es hilfreich, wenn die SUP-Boards immer im Schatten gelagert werden, und mithilfe der Kunststoffauffrischer lässt sich dieser Prozess verlangsamen. Im Gegensatz zu der landläufigen Meinung setzt Salzwasser einem SUP-Board nicht sonderlich zu. Es sind eher die besagte Sonneneinstrahlung und die höhere Beanspruchung, die ein Brett auf dem Meer stärker belasten. Deshalb ist es nicht nötig, das Board nach jeder Salzwassertour mit Süßwasser abzuspülen.

Radiergummi

Für gröbere, tiefsitzende Verschmutzungen und Kontaktspuren durch ungewollte Berührungen gibt es im Handel Schmutzradierer, die an einem Board gut wirken. Ebenfalls gut funktionieren handelsübliche Radiergummis, um kleine Bereiche auf einem Board gereinigt zu bekommen.

Die richtige und materialschonende Lagerung des Boards zwischen zwei Paddelgängen gehört ebenfalls zur Pflege. Und das zugehörige Equipment muss natürlich ebenfalls gewartet und gepflegt werden, um diese beim nächsten Trip wieder gut nutzen zu können.

Zubehör für die Pflege und Reinigung eines SUP-Boards

Mit einem groben Schwamm geht auch der tief sitzende Schmutz vom Board ab.

Für eine Präsentation macht es den ISUPs nichts aus, wenn sie hochkant gelagert werden.

79

Wohin damit?

Die richtige Lagerung

Die Saison ist zu Ende und das SUP-Board soll eingelagert werden. Nach den Beauty-Tipps gibt es nun noch ein paar zusätzliche Winter- und Lagerhinweise. Kleinere Reparaturen, z. B. abgelöster Ecken am Deckpad oder den Rails, sollten vor dem Einlagern vorgenommen werden. Allein schon, damit beim Erwachen im Frühjahr nicht erst gebastelt werden muss. Über einen längeren Zeitraum sollte das Board an einem trockenen Ort gelagert werden, der nicht allzu großen Temperaturschwankungen unterliegt.

Belastung vermeiden

Hardboards sollten keine dauerhafte Belastung auf dem Deckpad erfahren. So sollte das Board z. B. nicht umgedreht, also mit dem Deck nach unten, auf zwei dünne Regalträger gelegt werden. Ebenso sollte das Board nicht von oben mit schweren Gegenständen beschwert werden. In beiden Fällen wird das EVA-Pad (die Standfläche) partiell zu stark belastet, sodass die Ab- und Eindrücke nicht mehr aus dem Pad verschwinden.

Wenn die Möglichkeit besteht, sollten ISUPs leicht aufgeblasen gelagert werden. Faltenfreier Druck reicht bei der Lagerung völlig aus. Ansonsten gelten die gleichen Belastungsregeln für das Deckpad wie bei den Hardboards. Sollte kein Platz für das aufgepumpte ISUP vorhanden sein, ist es für eine längere Lagerung wichtig, dass das Brett mit möglichst wenig Falten zusammengelegt wird. Ebenso ist es für das Material besser, wenn das Board nicht hochkant (auf den Rails) gelagert wird, sondern liegend.

Board-Lager mit Abtrennungen in einer SUP-Station

SUP-Vereine

Für einen Beitrag das volle Programm

80

Die Mitgliedschaft in einem Verein hat mehrere Vorteile. Zum einen treffen sich dort Gleichgesinnte, die zusammen SUPen, sich über alle Fragen im Bereich Stand-up-Paddling austauschen, gemeinsame Aktionen unternehmen, diverse Feierlichkeiten veranstalten usw. Zudem liegen die meisten Vereinsgelände an einem gut SUPbaren Gewässer, was den Zugang zum Wasser sehr vereinfacht. Oft gibt es in den Vereinsgebäuden die Möglichkeit, sein SUP-Board zu lagern, was gerade bei Hardboards ein schöner Vorteil ist.

Je nach Finanzlage des jeweiligen Vereins gibt es vereinseigene SUP-Boards, eine Kinder- oder Jugendabteilung, die sich mit dem SUPen beschäftigt, und es gibt Schulungen im Bereich SUP (Einsteigerkurse, Sicherheitstrainings usw.).

Stand-up-Paddling und mehr

Die meisten SUP-Vereine sind keine reinen SUP-Vereine, sondern Untergruppen diverser anderer, schon lange bestehender Vereine. So gibt es hundertjährige Rudervereine, die inzwischen eine große SUP-Abteilung besitzen, oder den alteingesessenen Wind-Surf-Verein, der eine große

Anzahl an SUP-Mitgliedern hat. Die Kanu-Vereine besitzen mittlerweile den größten Anteil an SUPern, da sich viele Interessen bei den beiden Sportarten überschneiden.

Ein Nachteil bei Vereinen ist, dass immer ein Beitrag für die Mitgliedschaft gezahlt werden muss. Und im Laufe eines Jahres fallen, wie bei allen Vereinen üblich, diverse Arbeiten an, die von den Mitgliedern erledigt werden müssen. Andererseits stärken solche Aktionen den Zusammenhalt im Verein und sorgen oft für ein gutes »Vereinsgefühl«.

Anlegesteg

Flussbefahrungen sind im Verein und in einer Gruppe einfacher zu organisieren.

SUP-Verbände

Dachorganisationen beim Stand-up-Paddling

81

Die Verbände, die sich mit Stand-up-Paddling beschäftigen, verfolgen mehrere Ziele. Zum einen verbinden sie die örtlichen Vereine miteinander, stellen Regeln und Vorgaben im Bereich Wettkämpfe auf, organisieren eben solche Veranstaltungen und dienen oft als Ansprechpartner für Städte, Kommunen und übergeordnete Schnittstellen. Eine weitere Aufgabe der Verbände soll die Entwicklung der Sportart sein. Dies kann durch Ausbildungsmaßnahmen und Werbung in verschiedenen Bereichen geschehen. Zudem dienen die nationalen Verbände als Bindeglied zu den internationalen Vereinigungen.

Eine wirksame Interessenvertretung der jeweiligen Mitglieder gehört ebenso zu den Zielsetzungen eines Verbandes. Da Stand-up-Paddling aus Verbandssicht eine neue Sportart ist, müssen die unterschiedlichen Verbände einen Weg der Zusammenarbeit teilweise erst noch finden.

Verbände in Deutschland

DKV – Deutscher Kanu-Verband. Dies ist der größte deutsche Verband im Bereich Kanu, mit der Unterabteilung Stand-up-Paddling. www.kanu.de

DWV – Deutscher Wellenreitverband. Der Deutsche Wellenreitverband ist der Zusammenschluss aller an der Förderung und Ausübung von Brandungs-Surf-Sportarten interessierten Vereinigungen in Deutschland. www.wellenreitverband.de

GSUPA – German Stand Up Paddle Association. Der Deutsche Stand-up-Paddle-Verband widmet sich der Förderung aller Arten des Stand-up-Paddlings, wie SUP Wave, SUP Whitewater und SUP Race. www.gsupa.com

Verbände in Österreich

Die **ASF – Austrian Stand Up Paddle Federation**, ist der Verband für Stand-up-Paddling in Österreich und wurde im Februar 2010 gegründet. www.austriansup.at

Beachstart bei einem internationalen SUP-World-CUP-Rennen

Verbände in der Schweiz

Die **SWISS OUTDOOR ASSOCIATION** ist eine Vereinigung von qualifizierten und kommerziellen Veranstaltern im Outdoor- und Adventurebereich der Schweiz.
www.swissoutdoorassociation.ch

Der Schweizerische Kanu-Verband ist die Dachorganisation der Schweizer Kanu-Clubs.
www.swisscanoe.ch

Ausleihen und mehr

SUP-Verleih, der erste Schritt

82

Der erste Weg auf das Wasser läuft beim Stand-up-Paddling meistens über eine SUP-Verleih-Station. Inzwischen gibt es an vielen Gewässern die Möglichkeit, ein SUP-Board auszuleihen, um damit mehr oder weniger gekonnt über das Wasser zu pütschern. Der Verleih kann z. B. über den örtlichen Campingplatz, das Strandhotel, den schön am Wasser gelegenen Ruderverein oder das vorhandene Freibad angeboten werden. So vielfältig die Verleiher sind, so unterschiedlich ist die Qualität der zur Verfügung stehenden Boards und Paddel. Es gibt Verleiher, die ihre Kunden auf 15 Jahre alte Surfbretter stellen, neben Stationen, die nur die aktuellsten Marken-Boards im Verleih haben.

Die Qual der Wahl

Ob es eine Einweisung für die Runde über das Wasser gibt oder es direkt vom Ufer in das kühle Nass geht, kann teilweise Glückssache sein. Die Preisgestaltung mancher Anbieter erinnert zuweilen eher an ein Würfelspiel als an ein durchdachtes System. Deshalb ist es gerade für einen Einsteiger und jemanden, der sich bewusst für das SUPen interessiert, nicht einfach, den Überblick zu behalten.

Für Leute, die nur mal kurz ein bisschen das Wasser umrühren wollen, lieber im Sitzen paddeln und mehr schwimmen als SUPen, ist ein hochpreisiger Anbieter nicht die erste Wahl. Deshalb hat letztendlich jede Verleih-Station ihre Berechtigung und ihren entsprechenden Marktanteil.

Gut sortierte SUP-Station, bei der es verschiedene Board-Typen zum Ausleihen gibt

83

Sachen gibt es

Der hat wohl im Physikunterricht geschlafen

Stand-up-Paddling hat den großen Vorteil, dass dieser Sport schnell und verhältnismäßig leicht zu erlernen ist. Daher denken Einsteiger oft: »Einen SUP-Kurs brauche ich nicht!« Sicher, wenn das Ziel nur 150 Meter vom Ufer entfernt liegt und ich erst ab 28 °C Außentemperatur auf das Wasser gehe, brauche ich nicht unbedingt eine Schulung. Für alle anderen können die Tipps und Empfehlungen von guten SUP-Instruktoren allerdings sehr hilfreich sein. Insbesondere, wenn es um eine gesunde und entspannte Körperhaltung während des SUPens geht. Oft werden noch hilfreiche Verhaltensregeln auf dem Wasser und effektive Paddelschläge vermittelt.

Was einem auf dem Wasser alles begegnet

- Da wird das Paddel nur halb eingetaucht und die Fortbewegung ist gleich null.
- Der Paddler steht zu weit hinten oder vorne auf dem Board und wundert sich, dass er noch mehr Kreise fährt als sonst.
- Es wird versucht, unbedingt auf dem Board stehend so nah wie möglich an das Ufer zu fahren. Leider hat die Finne ungewollten Bodenkontakt.

- Das Paddel wird so kurz gegriffen, dass es nicht durch das Wasser gezogen werden kann und ein Vorankommen unmöglich ist.
- Der SUPer schaut überall hin, aber leider wird der Schwimmer übersehen.
- Vorfahrtsregeln und Verkehrsregeln sind nicht bekannt und die Berufsschifffahrt veranstaltet ein Hupkonzert.
- Mit kräftigem Rückenwind wird eine SUP-Tour gestartet. Wer denkt da schon an den Rückweg?

Diese Aufzählung ließe sich noch weiterführen. Sie soll aufzeigen, dass für manchen eine Unterstützung durchaus hilfreich wäre.

Paddel nicht eingetaucht!

Die Station meines Vertrauens

Was macht eine gute SUP-Station aus?

84

Es ist ein bisschen wie mit dem Lieblingsfriseur oder dem Stammrestaurant. Warum gehe ich immer wieder dorthin? Weil das Ambiente dort besonders schön ist, das Preis-Leistungs-Verhältnis passt, das Personal freundlich ist, der Kaffee schmeckt oder es irgendeine andere Besonderheit gibt, die woanders nicht zu finden ist. Bei SUP-Stationen verhält es sich genauso!

Worauf bei einer SUP-Station zu achten ist

Wie professionell ist das Personal an der Station?
Welche Ausbildungen hat der SUP-Instruktor?
Wie wird das Wissen vermittelt?
Wie sind die SUP-Kurse aufgebaut?
Gibt es eine Einweisung, wenn ich »nur« ein Board ausleihen möchte?
Dies kann unter Umständen nur mit einem Nachweis möglich sein, wenn z. B. die Station in der Nähe einer Schifffahrtslinie liegt.
Wie gut werden Fragen beantwortet?

Wo liegt die SUP-Station?
Gibt es einen guten und einfachen Zugang zum Wasser?
Ist das Gewässer einladend?
Wie ist die Erreichbarkeit, gibt es Parkmöglichkeiten?

Wie ist die SUP-Station aufgebaut?
Gibt es eine Möglichkeit zum Umziehen und zum sicheren Verwahren der privaten Dinge?
Wie sehen die Sanitäranlagen aus?

Welches Material wird verwendet?
In welchem Zustand sind die Boards und Paddel?
Gibt es eine Auswahl an verschiedenen Board-Typen?

Wie funktioniert der Kundenkontakt?
Wie übersichtlich ist die Website aufgebaut?
Wie kommt der Interessent an Informationen und an die Angebote?
Wie gut ist die Erreichbarkeit der Mitarbeiter?

Gibt es zusätzliche Angebote?

Werden SUP-Touren angeboten?
Gibt es verschiedene SUP-Kurse wie Fitness oder Yoga,
Gruppenaktionen usw.?
Besteht die Möglichkeit der Kaufberatung und des Testens
von Boards und Paddeln?
Gibt es Events oder andere Veranstaltungen, die mit dem
SUPen zu tun haben?
Kann man Getränke oder Snacks kaufen?

Diese Liste ließe sich sicherlich noch um einige Punkte erweitern. Letztendlich spielt eine entscheidende Rolle, wie sympathisch die Leute vor Ort sind, und jeder Kunde muss für sich entscheiden, ob er sich dort wohlfühlt oder eben nicht. Genauso wie beim Friseur!

Eine sympathische SUP-Station kann mehr sein als nur der Ort, wo schnell mal ein SUP-Kurs absolviert wird. Durch gleiche Interessen und gemeinsame Touren auf dem Wasser entstehen neue Kontakte und Freundschaften.

SUP-Einsteigerkurs – die ersten Schritte zum guten SUP-Erlebnis

Die Qual der Wahl

Welches Board für wen und wofür

85

Wie so oft, gibt es auch in diesem Fall die Qual der Wahl. Welches soll es sein, wenn die Entscheidung gefallen ist, ein SUP-Board zu kaufen? Für einen Einsteiger ist es oft sehr schwierig, aus der Vielzahl der Informationen die entscheidenden Kriterien, die für einen persönlich zu beachten sind, herauszufiltern. Folgende Fragen sollte ein guter Verkäufer bei der Kaufberatung stellen:

Wo soll überwiegend geSUPt werden?
- Auf einem See, dem Meer, Flüssen, kleinen Baggerseen?
  Das ist entscheidend für die Board-Länge und -Breite.

Wer möchte alles das Board nutzen?
- Mutter, Vater, Kind? Die Gewichtsfrage ist entscheidend
  für die Board-Dicke.

Welche Strecken und Entfernungen sollen gepaddelt werden?
- Längere Touren, kurze Strecken am Ufer usw.?
  Entscheidend für den Board-Typ.

Welcher sportliche Ehrgeiz besteht?
- Schnelles oder relaxtes SUPen?
  Wiederum entscheidend für den Board-Typ.

Hardboard oder ISUP?
- Vor- und Nachteile der Unterschiede aufzeigen.
- Bei Hardboards: Wo kann das Board gelagert werden?
  Wie soll es transportiert werden?

Mit oder ohne Paddel?
- Welches Budget steht insgesamt zur Verfügung?

Noch mehr Fragen

Punkte, die in den Kauf eins SUP-Boards noch einfließen sollten, sind:
- Wie nachhaltig und wo wird das Board produziert?
- Wie sehen der Kundenservice und die Garantieleistung aus?
- Wie verhält es sich mit der Haltbarkeit der verarbeiteten Materialien?
  Wie sieht es mit der Farbtreue aus, z.B. beim Deckpad?
- Besteht die Möglichkeit des Test-Paddelns, im Optimalfall das
  Vergleichen infrage kommender Boards auf dem Wasser?

Die Entscheidung will gut überlegt sein – welches SUP-Board soll es werden?

Bedenkzeit

In die Überlegung des Board-Kaufs sollte in jedem Fall auch noch einfließen, dass ein Board, welches einem am Anfang kippelig und unsicher vorkommt, erst nach einiger Zeit vertraut wird. Dies kann bedeuten, dass die erste »stabile« Wahl beim Testen nicht das Board ist, welches einen langfristig glücklich macht.

Nach manchen Einsteiger-Kursen und den ersten Stunden auf dem Wasser, wird oft schon die Frage gestellt: »Was kostet das Board, mit dem ich gerade gepaddelt bin?« Natürlich ist einem am Anfang nicht bewusst, dass die persönliche Entwicklung beim SUPen gerade erst begonnen hat. Daher sind die SUP-Boards, die einen am Anfang begeistert haben, nach einigen Stunden der Nutzung oft zu langweilig, zu langsam, zu schwerfällig oder alles zusammen.

Darum lieber testen und sich an »das richtige« SUP-Board ranpaddeln.

Ohne geht es nicht! Ein gutes Paddel erhöht den Spaß beim SUPen.

Das Lange für mich

86

Welches Paddel nehme ich denn jetzt?

Das SUP-Board ist ausgesucht, was fehlt, ist das passende Paddel. Auch hier gilt, dass eine gute Fachberatung und das Testen eines Paddels sehr zu empfehlen sind. Die Erfahrung zeigt, dass ein gutes Paddel, welches einem vertraut ist und mit dem schon viele Kilometer zurückgelegt wurden, nicht so schnell ersetzt wird wie manches Board.

Die Fragen, die gestellt werden müssen, um an ein passendes Paddel zu kommen, sind ähnlich den Fragen für einen Board-Kauf.
- Wo wird gepaddelt?
- Wer soll das Paddel nutzen?
- Welche Strecken sollen in welcher Geschwindigkeit zurückgelegt werden?
- Wie viel Flex soll das Paddel insgesamt besitzen?
- Wie sieht der Transport zum Wasser aus?

Eine Frage des Gewichts

Schließlich geht es oft um die Gewichtsfrage und die Frage, ob es ein einteiliges oder ein mehrteiliges Paddel sein soll. Der letzte Punkt ist entscheidend, wenn mehrere Personen unterschiedlicher Größe das Paddel nutzen wollen. Das Gleiche gilt für die Transportfrage. Ist es überhaupt möglich, ein 2,10 Meter langes einteiliges Paddel mitzunehmen?

Verwindungssteifer und leichter werden konstruktionsbedingt immer die einteiligen Paddel sein. Bei der Gewichtsfrage landet man schnell bei den leichten Vollcarbon-Paddeln, die allerdings nicht zwangsläufig die erste Wahl sein müssen. Zum einen sind diese Paddel hochpreisiger und zum anderen wesentlich empfindlicher als z. B. ein GFK-Paddel (Glasfaserkunstoff). Wer also viel auf flachen und steinigen Gewässern unterwegs ist, wird bei jeder Grundberührung mit seinem 350 Euro teuren Carbon-Paddel Tränen in den Augen haben.

Familienausflug

Der Dealer meines Vertrauens

Board-Kauf im Laden oder online

87

Wenn man bei Google »SUP-Board kaufen« eingibt, dann poppen zig verschiedene Seiten auf, die mit günstigen Kaufangeboten werben. Dementsprechend ist die Auswahl des »richtigen Boards« schwierig. Generell gibt es zwei Möglichkeiten, ein SUP-Board und das passende Zubehör wie Paddel, Dry Bags usw. zu erwerben. Es gibt Shops und Läden, bei denen es (meistens) eine Beratung gibt und sich die Ware anfassen lässt. Und es gibt den Onlinehandel. Dort findet man auf den Internetseiten eine Beschreibung der Produkte und die Ware wird via Paketdienst zugestellt. Wenn es um SUP-Boards geht, betrifft dies in der Regel ISUPs, da diese sich aufgrund der geringen Packmaße gut versenden lassen. Hardboards können nicht mit einem Standard-Paketdienst versendet werden. Meistens läuft das aufwendige Versenden über Speditionen und ist dementsprechend teuer.

Beim Händler

Der Vorteil beim Händler liegt eindeutig in der Beratung und der Möglichkeit, das gewünschte Board genau in Augenschein zu nehmen. Bei manchen Händlern besteht auch die Möglichkeit, verschiedene Boards zu testen und aufgrund der eigenen Erfahrungen das richtige Brett auszuwählen. Zum Nachteil kann es im Shop werden, dass die Auswahl der Board-Marken begrenzt ist und innerhalb einer Marke nicht alle Boards zur Verfügung stehen.

Testival – eine gute Möglichkeit, verschiedene SUP-Marken kennenzulernen

Im Internet

Der Onlinehandel bietet im Gegenzug eine wesentlich größere Auswahl an verschiedenen SUP-Boards. Preislich werden auf den ersten Blick oft sehr gute Angebote gemacht, die häufig unter den Preisen des Einzelhandels liegen. Der große Nachteil ist natürlich, dass es so gut wie keine Chancen gibt, ein Board auszuprobieren. Natürlich gibt es im Onlinehandel die Option, wenn das Board nicht gefällt oder eventuell einen Defekt aufweist, es zum Verkäufer zurückzusenden. Dies ist allerdings mit einigem Aufwand verbunden und sichert einem bei der nächsten Bestellung nicht automatisch die gewünschte Zufriedenheit.

Die Erfahrung der letzten Jahre zeigt, dass sehr günstige Angebote im Bereich SUP-Boards nicht automatisch zu einem guten SUP-Erlebnis führen. Mit anderen Worten: »Man bekommt das, was man bezahlt!« Wenn ein sehr preisgünstiges SUP-Board nur dazu dient, dass die Kinder ein bisschen plantschen können und die Erwachsenen einmal in die Mitte des Baggersees fahren, dann haben diese Boards sicherlich ihre Berechtigung. Allerdings sind dafür ein paar Hundert Euro viel Geld!

Alle, die ernsthaft SUPen möchten, kaufen deshalb bei den Billigvarianten oft zweimal, bevor sie zufrieden sind. Hinzu kommt, dass es so gut wie keinen Gebrauchtmarkt für sehr preiswerte und billig produzierte SUP-Boards gibt.

In den Sommermonaten gibt es in den verschiedensten Gegenden SUP-Events, meistens im Rahmen eines größeren Wettkampfes, bei denen verschiedene Hersteller und Marken ihre Produkte präsentieren. Dabei bietet sich eine gute Möglichkeit, eine große Anzahl unterschiedlicher Board-Typen verschiedener Marken zu testen. Oft besteht dann auch die Chance, bei diesen Test-Events ein gutes Kaufangebot zu bekommen.

Verschiedene Board-Typen können bei großen SUP-Events einfach ausprobiert werden.

Geht Secondhand?

Kaufen eines gebrauchten SUP-Boards

88

Wer mit dem Gedanken spielt, sich ein SUP-Board zuzulegen, der landet schnell bei der Frage: »Gibt es einen Gebrauchtmarkt für SUP-Boards?« – »Ja, den gibt es«, lautet die Antwort. Wie bei allen gebrauchten Artikeln, die auf dem Markt zu erwerben sind, so gibt es bei SUP-Boards, ebenfalls ein paar Dinge, die unbedingt beachtet werden sollten.

Zum einen sollte man sich fragen: Wer verkauft das Board? Wird es von einer Privatperson oder einem Gewerbetreibenden (Shop/SUP-Station) zum Verkauf angeboten? Weitere interessante Fragen sind: Wie alt ist das Brett, gibt es noch eine Gewährleistung? Wie sieht der Gesamtzustand des Boards aus und welche Abnutzungserscheinungen hat es? Wer hat das Board alles genutzt? Wo und auf welchem Gewässer wurde das Board gepaddelt? Wie hoch war der Anschaffungspreis, ist das Board von einer bekannten Marke?

Besser nicht

Ein ISUP sollte nicht gekauft werden, wenn z. B.
- tiefere Kratzer und Abschabungen im Rumpf vorhanden sind,
- sich kleine Beulen oder Blasen unter den Layern oder dem Deckpad gebildet haben,

Bei einem Ankauf sollte das gesamte zu verkaufende Equipment gut zu sehen sein.

- das Brett in der Längsachse verdreht ist (twist),
- das Brett Luft verliert,
- das Ventil nicht in einem einwandfreien Zustand ist,
- erkennbare Falten oder Knicke im aufgeblasenen Zustand zu sehen sind,
- es Ablösungen an den Verklebungen gibt oder
- die Drop-Stitch-Verbindungspunkte (kleine Vertiefungen auf der Board-Oberfläche) unregelmäßig sind.

Bei Hardboards ist von einem Kauf abzuraten, wenn z. B.
- dünne und feine Risse im Gelcoat, also in der Board-Oberfläche, sind,
- das Board einen verlagerten Schwerpunkt hat oder
- das Board schwerer ist als vom Hersteller angegeben.
  Diese beiden Punkte können Anzeichen dafür sein, dass der Board-Kern Wasser gezogen hat.

Am Ende ist es wie mit allen gebrauchten Gegenständen: Es empfiehlt sich, sehr genau hinzuschauen, was einem angeboten wird.

Preislich können gebrauchte SUP-Boards durchaus interessant sein, gerade wenn antizyklisch gekauft wird. Dies bedeutet, dass in der Nachsaison (Ende Sommer/Anfang Herbst) die Preise für Boards nach unten gehen und umgekehrt Boards zu Beginn des Frühjahres teurer gehandelt werden.

Das Gleiche gilt für alle Gegenstände, die zum SUPen dazugehören. Mit der Ausnahme, dass Trocken- und Neoprenanzüge ihre Hauptverwendung im Herbst und Winter haben.

Ebenfalls sollte alles ordentlich präsentiert, sauber und gepflegt sein.

Ein Board-Test ist auch für professionelle Tester nicht immer einfach.

Der Test

Was sagen Testergebnisse aus?

89

Die Suche nach einem passenden SUP-Board kann eine mühselige Aufgabe sein, wenn man sich neu mit dem Thema SUP beschäftigt. Es gibt Hunderte verschiedener Board-Typen unterschiedlicher Marken im Handel zu kaufen. Hinzu kommt, dass jedes Jahr die meisten Produzenten eine neue Palette von Boards und Equipment zum Verkauf anbieten. Die neue Kollektion zeichnet sich nicht nur durch neue Farbkombinationen aus, sondern es gibt neue Board-Typen, die noch besser sein sollen als die Vorjahresmodelle. Selbst für einen Insider ist es schwierig, dabei den Überblick zu behalten. Deshalb braucht es Hilfe von außen! Ist einem das Wälzen der Marken-Kataloge zu umständlich und gibt es keinen passenden Shop in greifbarer Nähe, führt der Weg zur Information schnell in die einschlägige Literatur.

In den verschiedenen Magazinen werden oft Bretter und Zubehör vorgestellt, die zuvor getestet worden sind oder neu in den Handel kommen. Oft werden in diesen Tests gleiche Board-Typen, wie z. B. Touring-ISUPs, miteinander verglichen. Am Ende gibt es eine Tabellenauflistung oder vergleichbare Kommentare zu den einzelnen Boards.

Subjektiv

Bei genauer Betrachtung sind diese Tests leider nicht sonderlich aussagekräftig. Dies liegt zum einen daran, dass die meisten Tester die Boards nur sehr kurz paddeln, die Bedingungen nicht immer gleich sind und die Prüfer logischerweise von ihrem »Gefühl« ausgehen. Über Haltbarkeit, tatsächlichen technischen Aufbau eines Boards und Einsatz unter extremen Belastungen gibt es keine Erkenntnisse.

Um sich einen Überblick zu verschaffen, welche Ausstattung ein Board hat, wie schwer es ist und wo die unverbindlichen Preisempfehlungen liegen, sind diese Vergleiche hilfreich.

Das Gleiche gilt für Tests von Paddeln sowie Trocken- oder Neoprenanzügen für den SUP-Sport. Diese werden ebenfalls regelmäßig in den einschlägigen Zeitschriften verglichen und vorgestellt. Bei einer weiteren Verbreitung des SUP-Sports werden die Tests in Zukunft sicherlich ausgeweitet und optimiert. Dies wird im Interesse der hochpreisigen Markenhersteller sein, um zukünftige Innovationen herauszuheben, z. B. die exakte Verarbeitung eines Boards oder die besondere Belastbarkeit.

Der Unterschied

Wie kommen die verschiedenen Preise zustande?

90

»Was kostet denn so was?« Diese Frage wird nicht nur gerne von Unbeteiligten gestellt, sondern ebenso von denjenigen, die mit dem Gedanken spielen, ein SUP-Board (ISUP) zu kaufen. Wenn dann die Antwort lautet »Über 1000 Euro, ohne Paddel«, schlackern manche Unwissende mit den Ohren. Die, die sich schon ein bisschen mit der Materie SUP beschäftigt haben, geben dann oft zum Besten, dass sie beim Discounter XY ein SUP-Board mit Paddel (!) für unter 300 Euro gesehen haben. Woher kommen diese, auf den ersten Blick, großen Unterschiede im Preisgefüge?

Am einfachsten lässt sich die Preisstruktur mithilfe des Fahrradmarktes erklären. Es gibt Räder, die sind nur geeignet, um mal eben beim Bäcker ein paar Brötchen zu holen. Dann gibt es Tourenräder, die oft ein bisschen robuster sind und eine gute Ausstattung besitzen. Und schließlich gibt es High-End-Rennräder, die auf dem neuesten Stand der Innovationen sind. Preislich unterscheiden sich diese Räder stark voneinander. Mindestens genauso groß sind die Qualitätsunterschiede. Dies bedeutet, je sorgfältiger ein Fahrrad verarbeitet wurde, je hochwertiger und moderner die verbauten Komponenten sind, desto teurer ist das Bike. Hinzu kommt, dass die

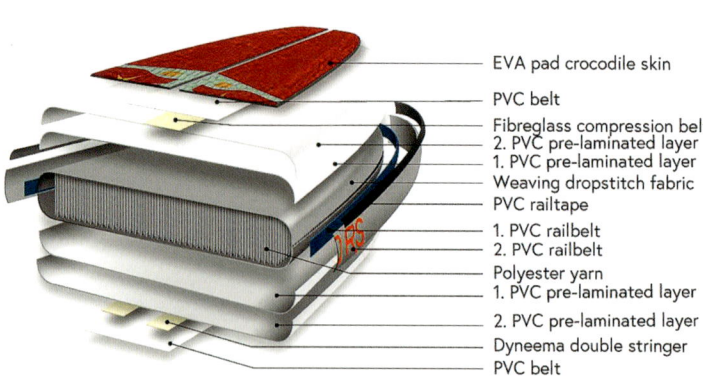

Hochwertiger Aufbau eines ISUPs mit vielen Versteifungskomponenten

Entwicklungsarbeit und bei bekannten Marken der Name ebenfalls mitbezahlt werden müssen.

Je mehr, desto teurer

Bei SUP-Boards verhält es sich genauso. Je mehr Neuerungen in einem Board stecken und je mehr Komponenten (Layer, Versteifungssysteme, usw.) verbaut wurden, desto hochpreisiger ist ein SUP-Board. Ein hochwertiges SUP-Board durchläuft einen aufwendigen Herstellungsprozess, der oft mit viel Handarbeit verbunden ist und daher einiges an Zeit in Anspruch nimmt. Das Prinzip lässt sich sowohl auf ISUPs als auch auf Hardboards anwenden. Bei großen und sperrigen Brettern kommen zu den Herstellungskosten noch die Kosten für den aufwendigen und demnach teuren Transport.

Weiter gilt, dass sehr günstige und einfach konstruierte SUP-Boards eine andere Zielgruppe ansprechen sollen als SUPer, die Stand-up-Paddling zu ihrem Hobby auserwählt haben.

Von den Preiswert-Boards werden oft große Stückzahlen produziert, die nicht im einschlägigen Einzelhandel verkauft werden, sondern bei Lebensmitteldiscountern und in Baumärkten. Bei solchen Produkten stehen die gute Ausstattung und die Langlebigkeit nicht im Vordergrund. Oft werden diese Artikel als Lockmittel genutzt, um den Kunden in das entsprechende Geschäft zu lotsen, damit er dort zusätzlich zu dem beworbenen SUP-Produkt noch weitere Dinge einkauft. Dies ist mit ein Grund dafür, warum diese Boards sehr günstig angeboten werden.

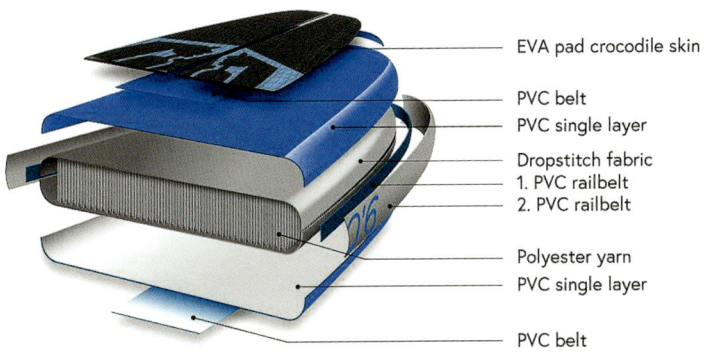

EVA pad crocodile skin

PVC belt
PVC single layer

Dropstitch fabric
1. PVC railbelt
2. PVC railbelt

Polyester yarn
PVC single layer

PVC belt

Einfacher Aufbau eines ISUPs, mit weniger Material und leichterer Bauweise

Ein Loch ist kein Untergang

Auf der Suche nach dem Leck

91

Je besser das Pfeifen zu hören ist, desto leichter lässt sich das Loch im ISUP-Board finden. Zuerst einmal muss die Stelle lokalisiert werden, um die nächsten Schritte einzuleiten. Typische Stellen für Undichtigkeit bei ISUPs sind die Verklebungen an den Rails (Board-Kanten), rings um das Ventil, unter der Board-Spitze (Nose) und in seltenen Fällen unter dem Deckpad bzw. den Layern (Blasenbildung).

Wie kommt es zu den besagten Löchern und Undichtigkeiten? Es gilt zu unterscheiden, ob es sich um einen Produktionsfehler oder einen Defekt durch Unachtsamkeit handelt. Bei Fehlern ab Werk handelt es sich häufig darum, dass sich Verklebungen lösen und dadurch das Board undicht wird. Das Gleiche gilt bei den Ventilen. Wenn diese nicht korrekt verbaut und richtig verschraubt sind, tritt in diesem Bereich ebenfalls Luft aus.

Die meisten selbstverschuldeten Schäden entstehen durch Fahrlässigkeit, z. B. durch Grundberührungen beim Paddeln (spitze Steine, scharfkantige Felsen), beim Ziehen des Boards über rauen Untergrund an Land und durch nicht fachmännisches Basteln am Ventil.

Schaum hilft

Was ist zu tun, wenn das Board Luft verliert und das Loch nicht auf den ersten Blick zu finden ist? Ein guter Trick ist, das Board ordentlich mit Seifenschaum einzuschäumen. An der undichten Stelle bilden sich kleine Schaumbläschen, die den Defekt anzeigen. Wichtig ist, dass die Stelle umgehend markiert wird, da im trockenen Zustand das Loch wieder schwer zu finden ist.

Undichte ISUPs dürfen nicht mehr auf das Wasser. Die Gefahr, dass mitten auf dem See das Board unfahrbar wird und zusammenklappt, ist einfach zu groß. Wassereintritt in das SUP-Board kommt einem Totalschaden gleich.

Bei Hardboards ist die Schadensanalyse wesentlich einfacher. In der Regel sind bei einem Hardboard Abplatzungen und Risse in der Oberfläche gut zu erkennen. Wichtig bei Hardboards ist: Sollte der Riss oder das Loch bis zum EPS-Kern reichen, darf das Brett nicht mehr auf das Wasser. Der EPS-Kern besteht aus einem sehr leichten geschäumten Kunststoff, der ähnlich wie ein Schwamm Wasser zieht.

Bläschenbildung durch minimalen Luftaustritt an der Rail (Seite) eines ISUPs

Totalschaden

Kann man das reparieren?

92

Der Schaden am Board ist gefunden. Als Nächstes stellt sich die Frage, ob es sich um einen Fehler ab Werk handelt oder ob es eigenes Verschulden war. Bei Fehlern des Herstellers muss der Händler für die nötige Reparatur oder eventuellen Ersatz Sorgen. Dies gilt allerdings nur innerhalb des zweijährigen Gewährleistungsanspruches. Bei Schäden, die selbstverschuldet sind, besteht natürlich keine Gewährleistung oder Garantie. In diesen Fällen muss entweder selbst repariert oder eine entsprechende Werkstatt in Anspruch genommen werden. Dies ist auch dann ratsam, wenn die gesetzlich vorgeschriebene Gewährleistung abgelaufen ist. Nun stellt sich die Frage: Was kann ich selbst machen?

ISUPs reparieren

Bei ISUPs ist es relativ einfach, kleinere Löcher, z. B. an der Unterseite des Boards, selbst zu reparieren. Bei jedem ISUP gehört zum Lieferumfang ein Repair-Kit, welches normalerweise Kleber, Patches (Flicken) und einen Ventilschlüssel enthält. Manche Hersteller legen zu dem Kit noch Dichtringe für das Ventil bei. Das Abdichten von kleineren Löchern an glatten Flächen ist unkompliziert und funktioniert nach dem gleichen Prinzip wie das Flicken eines Fahrradschlauches. Die zu reparierende Stelle muss trocken und fettfrei sein. Anschließend hilft leichtes Anrauen der Klebefläche, sodass der Kleber besser vulkanisiert und sich der Flicken gut mit der Board-Oberfläche verbindet.

Bei größeren Rissen oder Löchern an komplizierten Stellen (z. B. Rails, Board-Spitze usw.) ist das Reparieren eines ISUPs wesentlich schwieriger und möglicherweise nur mithilfe eines Fachmanns möglich.

Das Klebemittel kann auch für das Ankleben bei leichten Ablösungen an Nähten, dem Deckpad oder diversen Plugs genutzt werden. Bei sehr großen Schäden, z. B. dem Aufplatzen des Boards und der Beschädigung des Drop-Stitchs, ist das Board in der Regel ein Totalschaden.

Mithilfe des Ventilschlüssels ist es möglich, das Ventil herauszuschrauben und zu wechseln. Dies ist allerdings nur in sehr seltenen Fällen nötig. Beim Festziehen des Ventils ist es sehr wichtig, dies mit Bedacht zu tun, da alle Komponenten aus Kunststoff bestehen und ein Überdrehen des Ventils zu einem ungewollten größeren Schaden führen kann.

Hardboards reparieren

Bei Hardboards ist die Reparatur und das Abdichten des Boards ebenfalls möglich. Die Art der jeweiligen Reparatur ist abhängig von der Größe des Schadens. Meistens wird eine undichte Stelle mithilfe von Kunstharz, Härter und Kunstgewebe (Glas- oder Kohlefasern) repariert. Um diese Reparaturen durchzuführen, braucht es einiges an Erfahrung, und sie sind für einen Laien im ersten Anlauf oft nicht zu machen. Vor allem dann nicht, wenn es nachher noch gut aussehen soll.

Auch hier gilt, dass eine gute Werkstatt einem das Brett wieder richten kann, sodass es danach wieder zu paddeln ist. Der Vorteil bei Hardboards ist, dass selbst größere und massive Schäden repariert werden können. Immer unter der Voraussetzung, dass der Schaumkern des Boards keine großen Mengen an Wasser gezogen hat.

Sollte es bei einem SUP-Board zu Blasenbildung unter dem Deckpad kommen, ist dies nicht automatisch ein Zeichen für eine Undichtigkeit. Es kann daran liegen, dass sich der Kleber, der das Pad mit dem Board verbindet, löst und es bei Wärmeeinstrahlung zu den Beulen auf dem Deck kommt.

Mit etwas Mut und sehr viel Vorsicht kann mit einer Nadel die Beule seitlich aufgestochen werden. Ansonsten handelt es sich hierbei nur um einen optischen Makel.

Massiver Transportschaden an einem Hardboard mit EPS-Kern und Holzfurnier

Kürzen oder nicht

Paddel reparieren und verändern

93

Da gibt es unfreiwillige Grundberührungen, das eine oder andere Abstoßen am Ufer mit der Paddelkante und mancher Transport von A nach B verläuft auch nicht ganz kratzerlos. Generell können Paddel repariert und geflickt werden, vor allem wenn sie aus Verbundwerkstoffen (Kompositbauweise) oder Holz gefertigt sind. Reine Plastikpaddel mit Aluminium-Schaft sind dagegen schwerer zu reparieren und lohnen meist den Aufwand nicht.

Ein leicht angebrochenes oder eingerissenes Paddelblatt lässt sich mithilfe von Kunstharz und Fasergewebe wieder flicken. Allerdings braucht es einiges an Übung, damit die Reparatur ihren Zweck erfüllt und das Paddel nachher nicht doppelt so schwer ist.

Bei Grundberührungen im Zusammenspiel mit hohen Belastungen kann es vorkommen, dass die untere Kante des Paddels aufbricht. Somit kann das Gewebe im Paddelblatt Wasser ziehen, wird schwerer und die Kante wird stumpf, was sich beim Einstechen in das Wasser bemerkbar macht. Mithilfe von Zweikomponentenkleber und etwas Schleifarbeit (feines Schmirgelpapier verwenden) lässt sich das Blatt wieder abdichten.

Ein Schaden, der bei keinem Paddel repariert werden kann, ist ein kompletter Bruch des Paddelblattes oder des Schaftes.

Paddelklemme vom Schaft (links) gelöst, um sie zu ersetzen

Zweifach gebrochene Paddelklemme an einem zweiteiligen Paddel

Defekt am Verschluss

Bei mehrteiligen Paddeln kommt es häufiger vor, dass es zu Schäden an den verschiedenen Klemmen kommt, die die einzelnen Schaftteile verbinden. Entweder brechen die Clips aus den Halterungen oder die gesamte Klemme bekommt Risse. In beiden Fällen kann der Schaft nicht mehr ausreichend fixiert werden. Meistens lassen sich die Halterungen mithilfe von Wärme lösen und können dann ersetzt werden. Da es sehr viele verschiedene Verbindungssysteme auf dem Markt gibt, variieren die Reparaturmöglichkeiten ebenfalls.

Bei den Klemmen kommen oft kleinere Metallstifte- und Schrauben zum Einsatz. Daher ist es empfehlenswert, ein mehrteiliges Paddel nach dem SUPen trocken zu lagern. Bei Kontakt mit Salzwasser sollten die Verbindungen mit Süßwasser gespült werden. Und die Klemmen regelmäßig zu ölen, kann nicht schaden.

Abschneiden

Das Kürzen eines One-Piece-Paddels sollte in der Regel der Händler erledigen, bei welchem das Paddel gekauft wird. Wichtig dabei ist, dass das Kürzen und anschließende Verkleben des Griffstücks eine einmalige Sache ist. Deshalb muss vorher die Länge, die das Paddel haben soll, bestimmt werden. Das Verkleben des Griffstücks muss gewissenhaft geschehen. Ein nur minimal verdrehter und auf Dauer fixierter Griff führt zu ungleichen Paddelschlägen und einem verwirrenden Fahrgefühl.

In allen Fällen der Reparatur und Wartung gibt es im einschlägigen Fachhandel die passende Beratung. Wer gerne alles selbst machen möchte, der findet im Netz die entsprechenden Tutorials.

Extreme SUP-Tour bei leicht angefrorener Wasseroberfläche

Wenn das Wasser fest wird

SUPen zu jeder Jahreszeit

Ist Stand-up-Paddling ein Ganzjahressport? Die Antwort »Es gibt kein schlechtes Wetter, nur falsche Kleidung« gilt in diesem Fall nur bedingt. Mit der richtigen Ausrüstung und der richtigen Bekleidung lässt sich die SUP-Saison allerdings sehr gut erweitern. 5 °C Außentemperatur, Sonnenschein, Windstille und flaches Wasser können im Winter ein sehr gutes SUP-Erlebnis ergeben. Gerade die leeren Wasserflächen, das klarere Wasser und die wenigen Menschen auf und neben dem Wasser sind eine besondere Erfahrung.

Kälteschock

Der wichtigste Aspekt bei niedrigen Temperaturen ist die Gefahr der Unterkühlung. Wind und Regen lassen den Körper, vor allem Kopf, Hände und Füße, sehr schnell auskühlen. Die größte Gefahr ist allerdings der Sturz ins Wasser! Zum einen kann der Kälteschock Schwierigkeiten bereiten, wenn einem das kalte Wasser den Rücken runterläuft. Und zum anderen besteht die Gefahr der sehr schnellen Auskühlung. Auch wenn das Board wieder schnell erklommen wurde, ist das trockene Ufer noch nicht erreicht und die nasse Kleidung kühlt einen weiter aus. Prinzipiell gilt, dass die Kleidung und Ausrüstung immer so gewählt werden muss, dass ein Sturz in das kalte Wasser gut überstanden wird. Dafür gibt es verschiedene Hilfsmittel wie Neopren- oder Trockenanzüge, Füßlinge und Handschuhe aus unterschiedlichen Materialien.

Umsichtige Planung und Vorbereitung ist bei Wintertouren absolute Voraussetzung. Auch sollte einem bewusst sein, dass sich durch die dickere Kleidung und die Sohle unter den Füßen das Fahrgefühl verändert.

Warm angezogen

Strampler oder eng anliegend

Unterschied zwischen Trockenanzug und Neopren

Was ziehen wir an? Ob in den kühleren Jahreszeiten besser ein Neoprenanzug oder ein Trockenanzug zum Einsatz kommen soll, kann zur Glaubensfrage werden. Der Vorteil bei einem Neoprenanzug liegt darin, wenn er eine ausreichende Dicke besitzt, dass dieser besser zum Schwimmen und für den längeren Aufenthalt im kalten Wasser geeignet ist. Sogenannte semitrockene Anzüge mit Füßlingen und Haube ab fünf Millimeter Dicke können bis zum Gefrierpunkt im Wasser genutzt werden. Die Bewegungsfreiheit bei gut sitzenden Neoprenanzügen wird kaum eingeschränkt.

Nachteil ist, dass Neoprenanzüge nicht wasserdicht sind und, um richtig vor Kälte zu schützen, ein dünner Wasserfilm zwischen Haut und Material notwendig ist. Mit anderen Worten: Im ersten Moment ist es erschreckend kalt. Hinzu kommt, dass Neos nicht sehr gut vor dem Auskühlen durch den Wind schützen, insbesondere wenn sie nass sind.

Innen trocken

Der Vorteil bei Trockenanzügen ist, im Gegensatz zu den eng anliegenden Neos, das einfache An- und Ausziehen. Trockenanzüge funktionieren nur mit entsprechender Kleidung (z. B. Funktionswäsche) unter dem Anzug. Je nach Qualität des verarbeiteten Materials (z. B. atmungsaktive Membran) kann der Tragekomfort sehr angenehm sein.

Ein Nachteil ist, dass Trockenanzüge nicht komplett wasserdicht sind und zum längeren Schwimmen ungeeignet sind. Bei einem kompletten Untertauchen kann es z. B. im Halsbereich zum Eintritt von Wasser kommen. Komplette Wasserdichtigkeit gibt es aktuell nur bei eng anliegenden Latexmanschetten an Hals, Armen und Füßen (bei nicht integrierten Fußteilen).

Qualitativ hochwertige Trocken- oder Neoprenanzüge können schnell ein paar Hundert Euro kosten. Deshalb empfiehlt sich im Vorfeld eine gute Beratung und das Anprobieren der jeweiligen Anzüge. Bei Trockenanzügen ist zu beachten, dass die Frage der warmen Füße vor dem Kauf geklärt werden muss. Es gibt zwei Optionen: Anzüge mit integrierten Füßlingen oder Latexmanschetten, die an den Fesseln abschließen. Bei Letzteren müssen die Füße gesondert geschützt und gewärmt werden (z. B. durch dicke Neoprenschuhe).

Trockenanzug oder Neoprenanzug – eine Frage des Einsatzes und Geschmacks

Neoprenanzug in Kombination mit warmer Daunenjacke – funktioniert ebenfalls

Kauderwelsch

Fremdwörter auf und neben dem Board

Board-Bag = Tasche für das SUP-Board

Blade = Das flache Ende des SUP-Paddels, mit dem gepaddelt wird

D- oder O-Ring = Metallring zur Befestigung des Boards mithilfe eines Seils, z. B. an einer Boje oder einem Steg

Deckpad (Foodpad) = Rutschfeste Fläche auf der Oberseite des Boards

Downwinder = SUP-Rennen oder -Tour mit dem Wind im Rücken

Drop-Stitch = Der innere Aufbau eines aufblasbaren Boards

Dry Bag = Wasserdichte Tasche zum Verstauen von Proviant, Kleidung und Zubehör

EVA = Weicher Kunststoff für Deck- und Footpads

FCS = »Fin Control System«, Befestigungssystem für Finnen

Fuß = Maßeinheit, 1' (Fuß) entspricht 30,5 cm

Handle = Dient zum Tragen des Boards. Aussparung oder Schlaufe

Inch = Maßeinheit, 1" (Inch) entspricht 2,54 cm

Kickpad = Keilförmige Erhöhung am Heck des Boards

Leash = Leine zwischen SUPer und Board

Pivot-Turn

Nose = Die Nase oder Spitze des Boards

Pivot-Turn = Enges Wendemanöver

PSI = Pound per Square Inch, Maßeinheit für den Luftdruck

Rail = Die seitlichen Ränder des Boards werden als Rails bezeichnet.

Rocker = Biegung des Boards, vorne und hinten

Shape = Als Shape wird die Gesamtform eines Boards bezeichnet.

SUP-Instructor = Ausgebildeter SUP-Lehrer

Tail = Das Heck befindet sich am hinteren Ende des Boards.

US-Box = Finnensystem

Volumen = Wird meist in Liter angegeben. Der Auftrieb eines Boards hängt vom Volumen ab.

Ja, wo paddeln sie denn?

Ein Blick in die Zukunft

Nach dem Boom der ersten Jahre, nach hohen Verkaufszahlen und einer rasanten technischen Entwicklung im Bereich ISUPs, ist Stand-up-Paddling inzwischen von einer Trend-Sportart zu einem etablierten Sport mutiert. Mittlerweile gibt es in Europa sicherlich nur noch wenige Menschen, die von Stand-up-Paddling noch nichts mitbekommen haben.

Die Zukunft des SUPens wird davon abhängen, ob es weitere technische Entwicklungen geben wird. Werden ISUPs irgendwann die gleichen Fahreigenschaften wie Hardboards besitzen? Wird es weitere Board-Varianten geben? Und gibt es weitere Nischen, die mit dem SUPen ausgefüllt werden können?

Eine weitere interessante Frage ist, ob es eine Elektrifizierung geben wird, ähnlich wie vor ein paar Jahren auf dem Zweiradmarkt. SUP-Boards, deren Vortrieb durch einen Akku mit Propeller unterstützt wird? Erste Ansätze in diese Richtung gibt es schon.

Ganzheitlich und nachhaltig

Das Thema SUP wird sich sicherlich weiter etablieren, wenn der Gesundheitsfaktor noch mehr in das Bewusstsein der potenziellen Kunden tritt. Das heißt, wenn es zu weiteren wissenschaftlichen Studien kommt, die belegen können, dass Stand-up-Paddling ein ganzheitlich gesunder Sport ist. Der Faktor Nachhaltigkeit und ökologischer Fußabdruck im Bereich der verarbeiteten Materialien und des Transports wird ebenfalls eine Rolle in der Zukunft spielen.

Sprint-Modus

Und ein weiterer Punkt, der für die Bekanntheit und das Interesse am Stand-up-Paddling entscheidend wird, ist die Frage, ob SUP eine Chance bekommt, in den Kreis der Olympischen Disziplinen aufzusteigen oder nicht.

Ein Like

Die Community in meiner Nähe

98

Um als aktiver Paddler auf Gleichgesinnte zu stoßen, braucht es auf einem schönen SUP-Spot bei gutem Wetter im Sommer nicht viel Glück. Schnell gibt es eine Unterhaltung über die vorhandenen Boards, die Paddel, die genutzt werden, und wo es noch schön ist zu SUPen. Gelegentlich entstehen aus solchen Kontakten neue Gemeinschaften, die sich zu SUP-Aktionen verabreden.

Wer nicht warten möchte, dass einem sympathische Menschen über den Weg SUPen, sollte das World Wide Web nutzen. Inzwischen gibt es fast für jede Region z. B. eine eigene Facebook-Gruppe, die sich mit dem Thema Stand-up-Paddling beschäftigt. Natürlich gibt es noch weitere Social-Media-Kanäle, in denen sich SUPer aller Art versammeln.

Endlose Diskussionen

Zu bedenken ist, dass diese Gruppen oft für Fragen zu SUP-Themen genutzt werden. So kommt es vor, dass die Frage »Welches Board würdet ihr mir empfehlen?« 20 verschiedene Antworten erzeugt. Worauf dann eine Diskussion über Board-Marken entbrennt, bei der am Ende niemand schlauer ist. Zum Verabreden für gemeinsame SUP-Treffs, für das Mitteilen von Events, das Anschauen von schönen Bildern und zum Schmunzeln sind die Sozialen Netzwerke aber gut geeignet.

SUP-Flash, organisiert über Social Media: »Wir paddeln eine Eisscholle.«

In die Hand genommen

Buch- und Literaturempfehlungen

Mit der Verbreitung des SUPens in Europa und der materiellen Entwicklung der letzten Jahre kam auch der Buch- und Zeitschriftenmarkt auf die Idee, sich von dieser Entwicklung eine Scheibe abzuschneiden. Inzwischen gibt es Bücher zu SUP-Reisen, zum Stand-up-Paddling allgemein, zu Yoga und SUP, zu besonderen Touren verschiedener SUPer und es gibt Logbuch-Vorlagen, die mit den Lieblingstouren gefüllt werden können. Außerdem gibt es einige Magazine, die sich ausschließlich mit dem SUPen beschäftigen und mehrmals im Jahr erscheinen.

Jede Menge Lektüretipps

Inzwischen reicht es, in der Suchmaschine fürs Internet den Begriff »SUP« oder »Stand-up-Paddling« mit dem Zusatz »Buch« einzugeben, und jede Menge Publikationen poppen auf. Auch auf einigen Websites, die sich mit dem SUP beschäftigen, gibt es gute Buchempfehlungen und Inhaltshinweise. Darüber hinaus gibt es noch den internationalen Buchmarkt, der ebenfalls einige umfangreiche und detaillierte Bücher zum Thema SUP im Angebot hat.

Hinzu kommt, dass in Zeitschriften für verwandte Wassersportarten Rubriken zum Thema SUP auftauchen. Und es gibt Gesundheitsmagazine, die sich von Zeit zu Zeit mit dem Thema SUP beschäftigen.

Kleine Auswahl an Literatur zum Thema Stand-up-Paddling

SUP-Reise – gefunden und gebucht im Internet

Wo noch?

Hinweise zu SUP-Links im Netz

Wo gibt es noch mehr Informationsmöglichkeiten und wo finde ich im Bereich SUP noch weitere Mit-Paddler? Natürlich im World Wide Web! Es gibt im Internet unzählige Websites, die sich mit dem Thema SUP beschäftigen – Seiten, die sich mit SUP-Spots beschäftigen, Seiten, die gerne beraten und Empfehlungen zu SUP-Boards und Zubehör geben, Seiten, die sich mit Hunden und Fitness auf dem Brett beschäftigen, und Seiten, die gerne Touren und Reisen verkaufen.

Die meisten Websites werden natürlich nicht ohne Hintergedanken betrieben. Einige haben umfangreiche Werbung auf den verschiedenen Seiten geschaltet, andere geben Kaufempfehlungen von diversen Boards mit entsprechenden Links zu den Händlern, wiederum andere möchten, dass Kurse und Schulungen gebucht werden.

Eine Flut an Informationen

Hinzu kommt, dass jede Marke eine eigene Website betreibt und dort ihre Produktpalette präsentiert und teilweise zum Kauf anbietet. Dann gibt es noch den Bereich der Blogs, die sich ebenfalls mit dem SUPen und allem, was drum herum passiert, beschäftigen. Weitere für SUPer interessante Seiten befassen sich mit den für Wassersportler allgemein wichtigen Themen. So gibt es Websites, die Befahrungsregeln erfassen oder die sich mit dem Wetter beschäftigen. Zu Pegelständen, Gezeiten und Gewässerbeschreibungen gibt es ebenfalls eine Auswahl an wichtigen Websites.

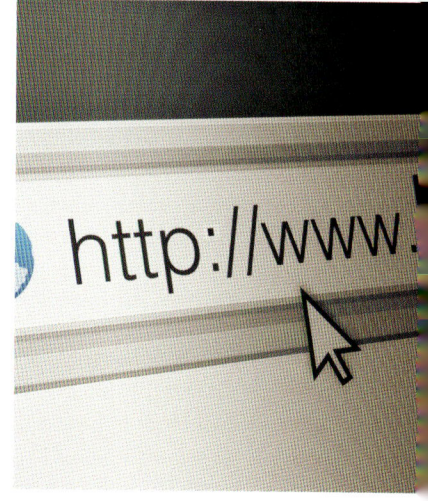

Einfach suchen ...

Letztlich ist es wie mit vielen Dingen im Netz. Eine Frage öffnet 30 verschiedene Seiten und gibt 40 verschiedene Antworten. Um zum richtigen Ergebnis zu gelangen, ist daher eine Herangehensweise mit Bedacht und Verstand zu empfehlen.

Aus dem Nähkästchen

Geschichten aus dem Leben

101 Zu guter Letzt kommen hier noch ein paar kurze Geschichten, die man während des SUPens auf und vor dem Wasser schon mal so oder ähnlich erleben kann. Sie sollen ein wenig zum Schmunzeln und Nachdenken anregen und spiegeln die Vielfältigkeit des Stand-up-Paddlings in den ersten Jahren seiner Verbreitung wider.

Du stehst zu weit hinten

Es war sicherlich der erste oder zweite Versuch, den der Herr auf einem SUP-Board erlebte. Er mühte sich redlich, nicht in das Wasser zu fallen, und hatte demzufolge einen leicht angespannten Gesichtsausdruck. Der Grund für die zittrigen Beine und das wackelige Board war, dass der Herr sehr weit hinten auf seinem Board stand. Bei dem Brett kam das komplette erste Drittel aus dem Wasser und die Fersen des Einsteigers standen fast im Wasser. Nach einigen Minuten des Beobachtens gab ich den freundlichen Hinweis, dass er doch ein bisschen weit hinten auf dem Board stehen würde. Gehört, kurz gedanklich verarbeitet, machte der Mann einen großen, hastigen Schritt nach vorne. Diese plötzliche Bewegung beschleunigte das Board und es kam, was kommen musste.

Nach dem Auftauchen ertönte ein nasses »Danke« und in mir reifte die Erkenntnis, dass Hinweise zum SUPen ausschließlich in sanfter Weise zu vermitteln sind.

Welche Finne

Forsch um die Kurve kam die Porschefahrerin gefahren, parkte ihren Wagen zügig am Rande des Hafenbeckens. Mit viel Elan packte sie ihr ISUP aus, stöpselte die Pumpe an und machte sich daran, das recht dünn und klein erscheinende Bord aufzupumpen.

Äußerlich ohne Anstrengung und immer noch mit perfekt sitzender Brille wurde die Pumpe weggepackt und die Finne am Brett angebracht. Das Paddel in die eine Hand, das Board in die andere und ab auf den mit Seegras und Grünzeug gefüllten Weiher. Alles machte den Eindruck, als ob das nicht zum ersten Mal passierte.

Nach den ersten Metern gab es fast kein Vorwärtskommen mehr, es war ein SUPen auf der Stelle mit diversen Algen des gesamten Gewässers im Schlepptau. Wo lag das Problem? An Land stellte sich heraus, dass die

Gemeinsames Pivot-Turn-Training bei Top-Bedingungen und klarem Wasser

Finne falsch rum montiert worden war. Die Sichelform zeigte in Fahrtrichtung und sorgte beim SUPen dafür, dass alles, was unter dem Board entlangschwimmt, eingesammelt wurde.

Leider war die Dame beratungsresistent, weil sie überzeugt war, dass das Board mit ihrer Finnenvariante stabiler auf dem Wasser liegt.

Ventilspiel

Ein paar Hundert Meter vor der Küste gab es plötzlich einen lauten Knall. Was war passiert? Bevor es auf die im Frühjahr doch recht kalte Ostsee ging, gab es noch eine Reparatur zu erledigen. Das Board hatte ganz leicht Luft im Bereich des Ventils verloren. Ergo wurde der schwarze Ventilschlüssel ausgepackt, das Ventil einmal komplett aus dem Gewinde gedreht, die Dichtflächen wurden grob abgewischt und das Ventil wurde wieder an seinen alten Platz verschraubt. Kurz das Heck des Boards ins Wasser gelegt – Luftblasen kamen keine mehr –, wurde das Board als wieder dicht erkannt und ab ging es zur Frühlings-SUP-Tour.

Im Wasser löste sich das Ventil abrupt aus der Halterung, was den Knall erzeugte und einen schlagartigen Verlust der Pressluft im Board zur Folge hatte. Die Board-Besitzerin quiekte kurz, während Board-Spitze und Heck in einer schnellen Klappbewegung Richtung Himmel zeigten. Im gleichen Augenblick versank die Standfläche samt SUPerin im Wasser. Zum Glück war sie nicht alleine auf dem Wasser, hatte einen schützenden Trockenanzug an und konnte sogar noch das nun offene Board vor eindringendem Wasser schützen. Der Grund für das Lösen des Ventils? Beim Wiedereinsetzen verkantete das Ventil und gleichzeitig wurde das Plastikgewinde überdreht.

Tränen in den Augen

Die erste Frage lautete: »Ist das schwer zu erlernen?«, was mit einem klaren »Nein!« beantwortet wurde. Die zweite Frage kam prompt: »Kann ich das auch noch lernen?« Da war die Antwort nicht mehr ganz so leicht, da es sich bei der Fragestellerin um eine Dame im fortgeschrittenen Rentenalter handelte. Normalerweise lautet die Antwort immer sofort: »Na, klar. Das kann jeder lernen!« Jetzt war die Antwort zögerlich und lautete in etwa »Ja ... Mit dem richtigen Board, etwas Zeit und Geduld ... bestimmt?« Zeit gab es, ein normal breites Brett gab es auch und Geduld war ebenfalls vorhanden.

Also ging es samt SUP-Ausrüstung und Seniorin Richtung Wasser. Ein paar Erklärungen später und mit dem Hinweis »Beim Reinfallen kann nichts passieren. Ich bin da!« gab es eine erste Überraschung: Die Dame befand sich in der Senkrechten und machte ihre ersten Paddelzüge.

Ungefähr eine Stunde später war der »Einsteiger-Kurs« beendet und eine sichtlich bewegte ältere Dame stand am Ufer, blickte abwechselnd auf das Wasser und das am Ufer liegende SUP-Board. »Das war eines der schönsten Erlebnisse in den letzten Jahren!« Es folgten noch ein paar dankbare Sätze und die Erklärung, dass sie mit ihren 81 Jahren Glück hatte, so etwas noch machen zu dürfen.

Land in Sicht

SUPen in einsamen Gegenden sollte gut vorbereitet sein. In Nordschweden, im Bereich des Polarkreises, gibt es viele Seen, die sehr einsam und fern jeglicher Zivilisation liegen. Die Bedingungen waren hervorragend! Blauer Himmel, kein Wind auf dem Wasser und die Mücken hielten sich im Augenblick zurück. Der ausgesuchte See lag einige Kilometer von der letzten asphaltierten Straße entfernt, besaß eine Ausdehnung von mehreren Kilometern und hatte etwas trübes Wasser. Die Sichtweite betrug nicht mehr als 40 Zentimeter, was an den vielen Schwebstoffen lag, die sich im torfigen Wasser befanden.

Nach dem Paddeln entlang des Ufers für mehr als zwei Stunden sah das gegenüberliegende Seeufer aus der Entfernung interessanter aus als das aktuelle Ufer. Los ging es zur Seequerung! Die Entfernung ließ sich schlecht schätzen. Waren es zwei Kilometer oder vier Kilometer oder noch mehr? Auf jeden Fall war es eine gerade Strecke und es konnte schnell gepaddelt werden.

In voller Konzentration, um effizient die Strecke zu überwinden, tauchten unter der Wasseroberfläche plötzlich spitze braune Felsen auf. Mitten auf dem See! Im ersten Augenblick gab es nur wenige Gedanken, der erste war »Wo kommen die Felsen her?«, der zweite »Bremsen!«, gefolgt von »Ich möchte hier nicht ins Wasser fallen! Am Ende der Welt sich zu verletzen ...«.

Es ging alles gut. Es konnte rechtzeitig gebremst werden und die Finne hatte keinen nennenswerten Felskontakt. Der Schreck dieses Augenblicks steckte noch lange in den Knochen und die Erkenntnis, dass ganz alleine SUPen in unbekannten Gewässern risikoreich ist, hält bis heute an.

Entspannung am Ende

Bildnachweis

Umschlagrückseite u. -innenseite rechts: © Tolis Fragoudis/WhiteWave AG; Umschlaginnenseite links: Jan Meessen; S. 9-11: Jan Meessen; S. 12/13: © Tolis Fragoudis/WhiteWave AG; S. 14/15: WhiteWave AG; S. 16: Jan Meessen; S. 17: Shutterstock/frantic00; S. 18/19: Shutterstock/Iryna Kalamurza; S. 20: White-Wave AG; S. 21: Shutterstock/Kaspars Grinvalds; S. 22: Shutterstock/sergua; S. 23: Shutterstock/George Rudy; S. 25 oben u. unten: WhiteWave AG; S. 26 u. 27: Shutterstock/Elizaveta Galitckaia; S. 28/29: © Tolis Fragoudis/WhiteWave AG; S. 30 u. 31 WhiteWave AG; S. 32: Shutterstock/watcher fox; S. 33 u. 34: WhiteWave AG; S. 35: © Ollie Jacobs/WhiteWave AG; S. 37: WhiteWave AG; S. 38: Jan Meessen; S. 39: WhiteWave AG; S. 40: Shutterstock/marekuliasz; S. 41 links: WhiteWave AG (links); S. 41 rechts u. 43: Shutterstock/marekuliasz; S. 44: WhiteWave AG; S. 45 u. 47: Jan Meessen; S. 48 u. 49: Shutterstock/Elizaveta Galitckaia; S. 50 u. 51: Jan Meessen; S. 52 oben u. unten: © Restube/WhiteWave AG; S. 53: WhiteWave AG; S. 54: Shutterstock/Stas Vulkanov; S. 55: WhiteWave AG; S. 56/57: Shutterstock/marekuliasz; S. 59-61: Jan Meessen; S. 62: Shutterstock/sergua; S. 63: © Tolis Fragoudis/WhiteWave AG; S. 65: Jan Meessen; S. 66: WhiteWave AG; S. 67 u. 69: Jan Meessen; S. 70; Shutter stock/watcher fox; S. 71: Shutterstock/lunamarina; S. 72: © Olaf Crato/White-Wave AG; S. 73: © Roman Burri/WhiteWave AG; S. 75: WhiteWave AG; S. 76: Shutterstock/marekuliasz; S. 77: Jan Meessen; S. 78: Shutterstock/marekuliasz; S. 79: © Roman Burri/WhiteWave AG; S. 80/81: Shutterstock/watcher fox; S. 82-87: Jan Meessen; S. 83: Jan Meessen; S. 88/89: Shutterstock/marekuliasz; S. 91: © Tolis Fragoudis/WhiteWave AG; S. 92: © Roman Burri/WhiteWave AG; S. 93: Shutterstock/Alex Alekseev; S. 94: Shutterstock/Stas Vulkanov; S. 95: Shutterstock/Varavin88; S. 96/97: Shutterstock/Alika Obraz; S. 99: Shutter-stock/Aleks Kend; S. 101: Shutterstock/Mameraman; S. 102: Shutterstock/Makhh; S. 103: Shutterstock/Rich Carey; S. 104: Shutterstock/Pavel1964; S. 105: Shutterstock/watcher fox; S. 106: Shutterstock/fitzcrittle; S. 107-115: Jan Meessen; S. 117: © Tolis Fragoudis/WhiteWave AG; S. 119: Jan Meessen; S. 120: Shutterstock/adike; S. 123: Shutterstock/BigBlueStudio; S. 124: White-Wave AG; S. 125: WhiteWave AG; S. 126 u. 127: Shutterstock/nazarovsergey; S. 128: © FOTObyKLOTZI/Starboard; S. 129: © FOTObyKLOTZI/Starboard; S. 131: Shutterstock/Aleksei Potov; S. 133: Shutterstock/Jacqueline Abromeit; S. 135: Shutterstock/Borodkin Vladymir; S. 136/137: Shutterstock/sipcrew; S. 139: © SUPmatrose.de/boardnerds; S. 141: Jan Meessen; S. 142 u. 143: Shutterstock/Aniwat phromrungsee; S. 145 oben: Jan Meessen; S. 145 unten: WhiteWave AG; S. 147 oben u. unten: © Paddelbrett, C. Krahe; S. 148: Shut-terstock/Von Heikki Wichmann; S. 149: Shutterstock/Iakov Filimonov; S. 150: Shutterstock/sergey lavrishchev; S. 151: Shutterstock/Suvorov_Alex; S. 153: Jan Meessen; S. 154: Shutterstock/Stas Vulkanov; S. 155: Shutterstock/sergua; S. 157: © FOTObyKLOTZI/Starboard; S. 159: Shutterstock/Elizaveta Galitckaia; S. 160: Shutterstock/alex Pix; S.161: Shutterstock/EpicStockMedia; S. 162-165: Jan Meessen; S. 166: © FOTObyKLOTZI; S. 168 u. 169: WhiteWave AG; S. 171-175: Jan Meessen; S. 176: © by Filip Zuan/WhiteWave AG; S. 177: Shutterstock/mare-kuliasz; S. 179: Shutterstock/Denis Mamin; S. 180: Shutter-stock/lunamarina; S. 181: Shutterstock/txking; S. 182: Shutterstock/Eva Mont; S. 183: © SUPmatrose.de; S. 184: Jan Meessen; S. 185: Shutterstock/AFANA-SEV IVAN; S. 187 u. 189: Jan Meessen

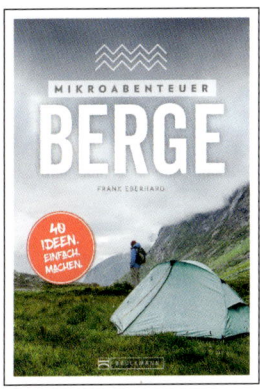

Impressum

Verantwortlich: Johannes Abdullahi
Lektorat: Christian Schneider
Layout: Elke Mader
Repro: Cromika
Herstellung: Bettina Schippel, Stephanie Schlemmer
Printed in Slovenia by Florjancic

Sind Sie mit diesem Titel zufrieden? Dann würden wir uns über Ihre Weiterempfehlung freuen. Erzählen Sie es im Freundeskreis, berichten Sie Ihrem Buchhändler oder bewerten Sie bei Ihrem nächsten Onlinekauf. Und wenn Sie Kritik, Korrekturen oder Aktualisierungen haben, freuen wir uns über Ihre Nachricht an Bruckmann Verlag, Postfach 40 02 09, D-80702 München oder per E-Mail an lektorat@verlagshaus.de.

Unser komplettes Programm finden Sie unter 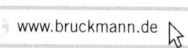 www.bruckmann.de

Alle Angaben dieses Werkes wurden vom Autor sorgfältig recherchiert und auf den neuesten Stand gebracht sowie vom Verlag geprüft. Für die Richtigkeit der Angaben kann jedoch keine Haftung übernommen werden, weshalb die Nutzung auf eigene Gefahr erfolgt. Sollte dieses Werk Links auf Webseiten Dritter enthalten, so machen wir uns diese Inhalte nicht zu eigen und übernehmen für die Inhalte keine Haftung.

In diesem Buch wird aus Gründen der besseren Lesbarkeit das generische Maskulinum verwendet. Weibliche und anderweitige Geschlechteridentitäten werden dabei ausdrücklich mitgemeint, soweit es für die Aussage erforderlich ist.

Empfehlung der Redaktion
Sie sind auf der Suche nach weiterführender Literatur? Dann empfehlen wir Ihnen den Titel »Deutschland zu Fluss« von Michael Hennemann.

Die Deutsche Nationalbibliothek verzeichnet diese Publikation in der Deutschen Nationalbibliografie; detaillierte bibliografische Daten sind im Internet über http://dnb.d-nb.de abrufbar.

© 2021, 2020 Bruckmann Verlag GmbH
Infanteriestraße 11a
80797 München

ISBN 978-3-7343-1860-3